StyleCityTravel

ROM

StyleCityTravel

ROM

Mit über 300 Farbbildern und 6 Karten

detti uccellini matti o scappati:
POLENTA PASTICCIATA ALLA VENETA
POLLO SPEZZATO COI PEPERONI
li macellari portano l'anello,
li carettieri er fazzolètto ar coll
e lo mi' amore le penne ar capp
A
C
E
D
B
NOTIFICAZIONE

Inhalt

Über dieses Buch 7
Rom stellt sich vor 8

Straßenweise

Pantheon • Piazza di Spagna
Via Vittorio Veneto 12

Campo de' Fiori • Piazza Navona 44

Trastevere • Ghetto • Campidoglio 62

Aventin • Testaccio • Ostiense 78

San Lorenzo • Esquilin • Monti 90

Kolosseum • Celio 104

Roms Style-Adressen

Schlafen 116

Essen 134

Trinken 148

Shopping 160

Raus aus der Stadt 176

Adressenverzeichnis 186

Aus dem Englischen übersetzt von Trudie Trox
Redaktion: via-Redaktion, München
Korrektur: Dr. Michael Schenkel
Umschlaggestaltung: Caroline Daphne Georgiadis,
Daphne Design
Satz: Carmen Marchwinski, München

www.christian-verlag.de

Die Originalausgabe mit dem Titel *StyleCity Rome*
erschien erstmals in Großbritannien
bei Thames & Hudson Ltd, London

Serienkonzept und Redaktion: Lucas Dietrich
Text: Sara Manuelli
Fotos: Angela Moore
Gestaltungs- und Kartenkonzept: The Senate
Design: Grade Design Consultants
Karten: Peter Bull

Druck und Bindung: C & C Offset Printing Co. Ltd, Hongkong
Printed in China

ISBN 3-88472-669-2

HINWEIS

Alle Informationen und Hinweise, die in diesem Buch enthalten sind, wurden von der Autorin nach bestem Wissen erarbeitet und von ihr und dem Verlag mit größtmöglicher Sorgfalt überprüft. Unter Berücksichtigung des Produkthaftungsrechts müssen wir allerdings darauf hinweisen, dass inhaltliche Fehler oder Auslassungen nicht völlig auszuschließen sind. Für etwaige fehlerhafte Angaben können Autorin, Verlag und Verlagsmitarbeiter keinerlei Verpflichtung und Haftung übernehmen.
Korrekturhinweise sind jederzeit willkommen und werden gerne berücksichtigt.

Über dieses Buch

Dieser Travel-Guide stellt Ihnen Italiens quirlige Metropole Rom in zwei großen Kapiteln vor: **Straßenweise** und **Roms Style-Adressen.**

Straßenweise orientiert sich an den Stadtvierteln und beschreibt Gebiete, die man im Laufe eines Tages (oder einer langen Sommernacht) zu Fuß erkunden kann. Dabei präsentiert es eine vielseitige Auswahl an Cafés, Läden, Restaurants, Museen, Veranstaltungsorten und Bars, die entweder noch wenig bekannt oder für die Umgebung charakteristisch sind. Vor jeder Empfehlung steht eine Zahl, die sich auf die Karte am Anfang des Kapitels bezieht. Diese hilft Ihnen bei der Orientierung.

Roms Style-Adressen stellt die besten und charakteristischsten Hotels **(Schlafen),** Restaurants **(Essen),** Cafés, Bars und Clubs **(Trinken),** Boutiquen, Geschäfte und Designzentren **(Shopping)** und Ausflugsziele **(Raus aus der Stadt)** vor. Den Empfehlungen sind jeweils zwei Nummern vorangestellt: Die obere verrät die Buchseite der Umgebungskarte, auf der die Adresse zu finden ist, die untere die Nummer, mit der sie auf der Karte bezeichnet ist.

Man könnte einen Städtetrip zum Beispiel damit beginnen, aus **Roms Style-Adressen** ein Hotel auszuwählen. Nach der Ankunft hilft das entsprechende Kapitel in **Straßenweise** dabei, ein Plätzchen für einen Kaffee zu finden, und lenkt zugleich Ihre Aufmerksamkeit auf ein spannendes Museum in der Nähe. Nach dem Lunch möchten Sie sich vielleicht in der ausgefallenen Boutique eines Modedesigners aus dem Abschnitt **Shopping** umsehen. Oder suchen Sie nach der Top-Adresse für ein denkwürdiges Dinner-Erlebnis? Ziehen Sie wieder das Kapitel in **Straßenweise** zurate und lassen Sie sich per Querverweis auf den Abschnitt **Essen** unter **Roms Style-Adressen** in ein außergewöhnliches Restaurant führen.

Zu jedem Eintrag ist die Adresse angegeben. Alle Einträge in alphabetischer Folge, komplett mit Adresse, Telefon- und Faxnummer, E-Mail- und Internetadresse, finden Sie im Adressenverzeichnis am Ende des Buches. Dort erhalten Sie außerdem kurze Informationen über die Anreise zu den Ausflugszielen.

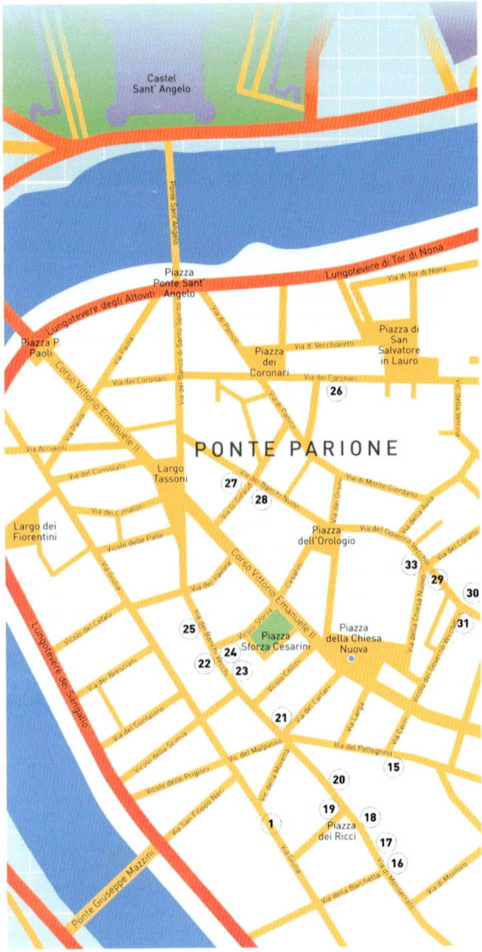

Legende

2 Empfehlung

Museum, Sehenswürdigkeit

Platz, Park

M U-Bahn-Station

Straße

ROM STELLT SICH VOR

Bereits vor 2000 Jahren war Rom imposante Metropole eines Großreichs. Mittelalter und Barock türmten ihre Bauten auf die bröckelnden Ruinen der Antike, Päpste erhoben den Vatikan, Staat in der Stadt, zum Symbol ihrer Macht. Im Europa der Nachkriegszeit aber ließ die italienische Lebensfreude Rom zur swingenden Hauptstadt werden. Italiens Kapitale zählt heute rund vier Millionen Einwohner. Dennoch wirkt sie eher gemütlich. Geschichte prägt jeden Winkel, jede Gasse, jeden Platz und Palast in ihrem grandiosen historischen Zentrum. Der Reichtum alter Kunst und Architektur schien lange den leisesten Vorstoß der Moderne abzuwehren. Und so führt Rom in vielerlei Hinsicht das Leben einer Provinzstadt: Offene Lebensmittelmärkte existieren in jedem Viertel; Werkstätten, Bars und Plätze fungieren als Orte der Kommunikation, Autos winden sich durch enge Sträßchen, kaum breit genug für die Passanten. Rom prahlt nicht mit Boulevardeitelkeiten wie andere europäische Citys, es hat sich vielmehr die Atmosphäre einer lebendigen facettenreichen Gesellschaft in einem architektonisch anachronistischen Ambiente bewahrt.

Gegründet auf sieben Hügeln, dehnt sich die Stadt mit ihren Vororten bis weit ins Umland hinein aus. Ihren Charakter jedoch konturiert das historische Zentrum, ein Konglomerat jahrhundertealter Viertel. Die Stadtsanierung zur Jahrtausendwende ließ früheren Glanz in Kirchen und Paläste zurückkehren, gab satten Ockertönen und pompeianischem Rot die Leuchtkraft zurück. Noch sind In-Viertel wie Trastevere und Campo de' Fiori die großen Magneten. Dabei gelten das quirlige Nachtleben im ehemaligen Schlachthofviertel Testaccio sowie San Lorenzos Studenten- und Künstlerszene als die neuen Highlights des Entertainments. Und beständig steigende Mieten lenken den Strom der jungen, weniger vermögenden Boheme in Viertel wie Pigneto und Ostiense. Sie werden als die kreativen Hotspots der Zukunft gehandelt.

Rom ist ein Zentrum politischen Geschehens seit den Tagen des Römischen Reiches, als es sich »Caput Mundi«, Hauptstadt der Welt, nannte. Mit Gelassenheit sieht es daher seine moderne Rolle einer Welthauptstadt. Roms Bewohner zeigen eine gesunde Respektlosigkeit gegenüber der herrschenden Klasse, kanzeln mit beißendem Spott prahlerischen Wohlstand ab. Im Gegensatz zu seiner »Rivalin« Mailand widersetzt sich Rom dem nordeuropäischen Arbeitsethos, was ihm den Ruf einer lockeren, wenn nicht sogar heiter-chaotischen Stadt eingebracht hat. Zwar ist die Siesta nicht mehr so bedeutsam wie einst, aber die meisten Beschäftigten (wie auch die Ladenbesitzer) gönnen sich nach wie vor eine volle Stunde zu Mittag. Mag Federico Fellini in »La dolce vita« den Lebensstil eines Viertels idealisiert haben, treffsicher eingefangen hat er damit dennoch die aufregende Mischung von Hedonismus, Bequemlichkeit und der Fähigkeit, sich täglich neu zu definieren, sich zu helfen zu wissen – die Italiener nennen dies »l'arte di arrangiarsi« –, die die römische Lebensart auszeichnet.

Roms Fülle der Kultur kann überwältigend sein. Viele der Sehenswürdigkeiten sind leicht zu Fuß zu erreichen und unzählige verborgene Kostbarkeiten unterwegs zu entdecken. Mit seinen Bildwerken und der Architektur barocker Meister wie Borromini, Bernini und Michelangelo, den weitläufigen Ruinen des Forum romanum und grandiosen Palazzi garantiert die Ewige Stadt großartige Kunsterlebnisse. Daneben dürfen einige Preziosen der Moderne nicht übersehen werden, unter anderem EUR, die im Auftrag Mussolinis erbaute Satellitenstadt für die geplante Weltausstellung 1942. Das Gebäude des Ministeriums für Arbeit, die Leute nennen es das »Rechteckige Kolosseum«, sowie die Mosaiken der futuristischen Künstler Fortunato Depero und Enrico Prampolini sind einige der meist kaum Beachtung findenden Kulturzeugnisse des Viertels. Kappa, die nähere Umgebung des ebenfalls 1942 begonnenen Bahnhofs Roma Termini, gewinnt durch zahlreiche Partys und Events Attraktivität, während Geschäfte, Hotels und Weinbars das Image des jüngst renovierten Bahnhofs positiv beeinflussen.

Erst während des letzten Jahrzehnts lässt Rom eine offenere Haltung im Design erkennen, eröffnen neue Hotels, Restaurants und Bars mit einem progressiven Anspruch an Ästhetik. Auf dem öffentlichen Sektor repräsentieren Renzo Pianos Auditorium (S. 42) und Parco della Musica, beide 2002 eingeweiht, die Renaissance der Architektur. Auch Richard Meiers vielfach ausgezeichnete Kirche Dio Padre Misericordioso im Vorort Tor Tre Teste ist ein weiterer Beweis dafür. Zu den Zukunftsprojekten gehören Zaha Hadids Kunstzentrum MAXXI and Odile Decqs neuer Flügel des Macro, des Museums zeitgenössischer Kunst.

Antike und Architektur des 21. Jahrhunderts, eine efeuüberwachsene Mauer, die in der Abendsonne schimmernde Kuppel des Petersdoms, ein Liebespärchen auf einer himmelblauen Vespa – Rom ist von zeitloser Schönheit, charmant und heiter, jung, verliebt in die Nacht, filmbewährte Kulisse eines Lebens, das noch im Format einer Digitalkamera seine Vergangenheit fühlen lässt.

Straßenweise

Pantheon • Piazza di Spagna • Via Vittorio Veneto •
Campo de' Fiori • Piazza Navona • Trastevere • Ghetto •
Campidoglio • Aventin • Testaccio • Ostiense •
San Lorenzo • Esquilin • Monti • Kolosseum • Celio

Pantheon
Piazza di Spagna
Via Vittorio Veneto

Giardino del Lago
Piazza di Siena
Pizzale dei Cavalli Marini
Galleria Borghese
Viale G. Washington
Viale del Muro Torto
Viale Fiorello la Guardia
Piazzale delle Canestre
Viale delle Magnolie
Viale Pietro Canonica
Viale San Paolo del Brasile
Galoppatoio
Piazzale Brasile
Via Pinciana
Via Po
Via Salaria
Corso d'Italia
Piazza Alessandria
Piazza Fiume
Via Nomentana
Piazzale di Porta Pia
Viale del Policlinico
FLAMINIO
Via Luisa di Savoia
Piazza del Popolo
Ponte Regina Margherita
Via F. di Savoia
Lungotevere in Augusta
Via Angelo Brunetti
Villa Medici
Viale della Trinità de Monti
Via del Babuino
Via del Corso
Mausoleo di Augusto
Piazza Augusto Imperatore
Ponte Cavour
Via Tomacelli
SPAGNA
Piazza di Spagna
Via Gregoriana
Via Francesco Crispi
Via Sistina
Via di Porta Pinciana
Via Vittorio Veneto
Via Ludovisi
Via Boncompagni
Via Romagna
Piazza Sallustio
Via Quintino Sella
Via XX Settembre
Via Palestro
CASTRO PRETOR
Via Leonida Bissolati
Via Barberini
Piazza Barberini
Palazzo Barberini
BARBERINI
Via Pastrengo
Via Cernaia
Piazza dell' Indipendenza
Piazza della Repubblica
REPUBBLICA
TERMINI
Viale Enrico De Nicola
Via Torino
Via V. E. Orlando
Via delle Quattro Fontane
Via Nazionale
Piazza di San Lorenzo in Lucina
Piazza del Parlamento
Piazza San Silvestro
Largo del Tritone
Via del Tritone
Fontana di Trevi
Palazzo del Quirinale
Piazza del Quirinale
Via del Quirinale
Piazza di Montecitorio
Piazza Colonna
Piazza Capranica
Piazza in Campo Marzio
Piazza della Rotonda
Pantheon
Piazza della Minerva
Piazza Sant' Ignazio
Piazza del Collegio Romano
Piazza della Pilotta
Palazzo Colonna
Piazza Grazioli
Via del Corso
Via dei SS. Apostoli
Via XXIV Maggio
Largo Magnanapoli
Piazza Venezia
Via del Plebiscito
Piazza del Gesù
Corso Vittorio Emanuele II
Corso del Rinascimento
Lungotevere Marzio
Ponte Umberto
Via Zanardelli
1 Kilometer
MONTI
ESQUILIN
CAMPIDOGLIO

Antike, Mittelalter, Renaissance – auf engstem Raum treffen Sie zwischen Pantheon und Via Vittorio Veneto aufeinander. Wie ein Magnet zieht diese aufregende Mischung der (Bau-)Geschichte auch die meisten Besucher an: Kirchen und andere Baudenkmäler faszinieren ebenso wie Roms schönste Einkaufsstraßen. Das Viertel vom Largo di Torre Argentina hinüber zur Via del Corso war Teil des antiken Campo Marzio (»Marsfeld«), des monumentalen Zentrums der Stadt, in dem Badeanlagen, Theater und Arenen von öffentlichen Parks umgeben waren. Bis heute ist das Pantheon mit seiner Kuppel eine der großen Attraktionen Roms, gegen die sich Berninis lebensgroßer Elefant auf der Piazza della Minerva geradezu zierlich ausnimmt. Nicht weit davon entfernt verlocken die Ateliers von Handwerkern, Modeboutiquen wie Degli Effetti (S. 162) und alteingesessene Cafés wie Sant' Eustachio (S. 153) und Tazza d'Oro (S. 152) zum geruhsamen Bummeln – nicht nur die eleganten Signore und Touristen promenieren hier, sondern auch der eine oder andere Politiker aus dem römischen Parlament Montecitorio. Und nur wenige Meter entfernt nimmt das Leben auf kaum verborgenen Piazzas geruhsamere Züge an: Auf einem Cinquecento döst eine herrenlose Katze, und mit viel Ruhe decken die Kellner die Tische der Bars und Trattorien im Freien.

Reihen sich auf dem Hauptabschnitt der Via del Corso eher die uniformen Filialen der internationalen Ketten aneinander, gelten die Nebenstraßen als Roms Shoppingadresse de luxe. Exklusivste Modeateliers und Maßschneider verbergen sich in den Renaissancepalästen rund um Via Condotti und Via Frattina, in denen auch international renommierte Marken wie Gucci, Valentino (S. 175) und Bulgari (S. 170) ihren Firmensitz etablierten. Via del Balbuino aber übertrifft sie alle, nicht nur mit dem Concept-Store TAD (S. 174), in dem die Klientel der Nobelherbergen Hotel de Le Russie und Hotel Art (S. 118) shoppt. Vorbei an Palastfassaden und den Besuchermassen der Spanischen Treppe genießt man von der Villa Medici aus einen atemberaubenden Blick über die Dächer der Stadt.

Kennt man die Via Gregoriana für ihre Luxushotels, so steht die Via Vittorio Veneto für »La dolce vita«. Mag die Straße auch nie mehr den Glanz der 1950er-Jahre wiedererlangen, so ist ihr Revival dennoch erkennbar. Und ein Spaziergang entlang der Via di San Basilio lässt die neue Designsensibilität spüren, nicht zuletzt inspiriert durch Adam Tihanys Aleph Hotel (S. 128) und Speiselokale wie San Marco (S. 39) und Moma (S. 34). Roms architektonische Zukunft aber liegt im Norden jenseits des Parks der Villa Borghese mit ihrem eindrucksvollen Museum. Der neue Kunstkomplex Macro (S. 41), das in Kürze vollendete Veranstaltungszentrum MAXXI (S. 41) und Roms Kronjuwel, Renzo Pianos Auditorium (S. 42), beweisen Vitalität und Zeitgeist der Ewigen Stadt.

BÜCHER FÜR DEN NACHWUCHS

1 Mel Giannino Stoppani

Piazza dei Santissimi Apostoli 59–65

Dieser Buchladen ist ein Paradies für Kinder. Neben dem raffinierten Interieur überwältigt bei Stoppani die Fülle der besten internationalen Literatur für Kinder jeden Alters (auch in Englisch und Französisch). Im Raum für die Allerjüngsten gibt es sogar eine Ecke mit Büchern und Spielzeug – zur Unterhaltung der Kleinen, damit die Eltern in Ruhe blättern und auswählen können. Bilderbücher sind die große Trumpfkarte, insbesondere Klassiker von Zeichnern wie Bruno Munari und Enzo Mari, die sogar von Erwachsenen leidenschaftlich gesammelt werden. Der italienische Autor Gianni Rodari ist ein weiterer Kassenhit neben internationalen Verkaufsschlagern wie den Romanen von J. K. Rowling. Spiele, Poster, Videos und DVDs ergänzen das Sortiment. An Samstagen unterhalten Theatervorführungen, Lesungen und Feste die Kinder ab drei.

FAMILIENSCHÄTZE

2 Galleria Doria Pamphilj

Piazza del Collegio Romano 2

Der Museumsbesuch wäre nicht komplett ohne Jonathan Pamphiljs Audioguide. Er begleitet nicht nur durch die Geschichte, sondern zeichnet auf entzückende Weise das Bild einer Kindheit in einem geschichtsträchtigen Palast voller Gemälde und Skulpturen. Die seit 1996 zugängliche Galleria zeigt eine eindrucksvolle Kunstsammlung, zurückgehend auf die Pamphilj-Dynastie. Hier begeistern Meisterwerke von Caravaggio, Guido Reni, Guercino und Velázquez ebenso wie Renaissancewerke von Tizian und Raffael. Über Jahrhunderte heirateten die Pamphilj in andere bedeutende Adelsgeschlechter wie die Doria oder Borghese ein und zählen heute zu Roms einflussreichsten Familien. Die wohl berühmteste Persönlichkeit aus ihren Reihen war Papst Innozenz X. (1644–55), geboren als Giovan Battista Pamphilj und verewigt in dem Velázquez-Porträt, das später Francis Bacon inspirierte.

BONBONNIERE

3 Confetteria Moriondo e Gariglio

Via di Piè di Marmo 21–22

Dieses alteingesessene Schokoladengeschäft wurde bereits 1866 eröffnet – und zwar von zwei Turiner Chocolatiers, die den savoyischen Königen nach Rom gefolgt waren. Bezaubernd in tiefem Rot gehalten, dazu hübsche Holzregale, grüne Schleifen und Stoffbahnen, ist dieser Laden die perfekte Bonbonniere für *gianduiotti,* Trüffel- und Geleepralinen sowie glasierte Maronen, die alle hier hergestellt werden. Zu Ostern läuft das Hauptgeschäft. Dann flitzen die Verkäuferinnen in ihren weißen Schürzen und Käppis nur so durch den Laden, um den Kunden ihre bunten Schokoeier zu füllen. Zum Valentinstag verpackt die Confetteria ihre Pralinen in zierliche, herzförmige Schachteln, einst entworfen zur Verlobung von Maria José und König Umberto von Savoyen.

ZEITLOS

4 Le Tartarughe

Via di Piè di Marmo 17 und 33
Via del Gesù 71a

Le Tartarughe ist jene Art von Geschäft, in dem Sie den perfekten Hosenanzug, ein raffiniert geschnittenes Seidenkleid oder einen mit komplexen Mustern gearbeiteten Handstrickpullover finden werden. Der individualistische Stil ist immer elegant, nie jedoch dem Diktat modischer Trends unterworfen. 1972 von der Kostümbildnerin Susanna Liso gegründet, war Le Tartarughe ursprünglich eine exklusive Strickwarenkollektion. Zehn Jahre später eröffnete Susanna Liso ihre Boutique für Damenmode in der Via di Piè di Marmo und erwarb sich schnell einen Namen unter den betuchten Römerinnen. 2003 kam ein Accessoire-Shop mit Arbeiten lokaler Kunsthandwerker hinzu. Ihre dritte Boutique in der Via del Gesù ist hingegen die Adresse für Einzelstücke der Couture.

LEGENDEN IN LEDER

5 **Federico Polidori**

169

PARADEPLATZ

6 **Gran Crowne Hotel Plaza Minerva**

Piazza della Minerva 69

Wollen Sie einmal ganz exklusiv einen Blick auf die römischen Dachgärten rund um das Pantheon werfen? Dann ist die Dachgartenbar des Hotels Minerva der richtige Ort. Das Luxushotel ist in einem Gebäude des 17. Jhs. eingerichtet und wurde erst jüngst unter Leitung des Architekten Paolo Portoghesi restauriert. Würdevoll wendet sich die Fassade Berninis Elefanten auf der Piazza della Minerva und der Kirche Santa Maria sopra Minerva zu, die zu ihren Schätzen Michelangelos Marmorskulptur des auferstandenen Christus zählt. Der Hotellift saust in die oberste Etage, wo auf der geräumigen Terrasse inmitten von liebevoll gepflegten Geranientöpfen und Rosenstöcken zwischen 12 und 14 Uhr Cocktails und leichte Gerichte serviert werden. Die frühen Abendstunden sind eine wunderbare Zeit für einen Besuch, wenn Pianomusik nach Ihrem Geschmack ist. Und erlauben Sie sich bei einem Bellini die Illusion, einen dieser fabelhaften Panoramaplätze in der Stadt selbst zu besitzen.

GRANDIOSE KUPPEL

7 **Pantheon**

Piazza della Rotonda

Erinnert die Inschrift unter dem Giebeldreieck der Fassade an Agrippas Vorläuferbauten, so wurde das Pantheon selbst im Jahr 118 unter der Regierung Kaiser Hadrians errichtet, möglicherweise hat er es sogar selbst entworfen. Die Kuppel des Gebäudes ist mit ihren jeweils 43 Metern Durchmesser und Höhe eine Meisterleistung römischer Ingenieurbaukunst. Sie war die größte der Welt – bis zum Bau des Doms von Florenz 1436. Im Jahr 609 war das Pantheon der erste Tempel, der zur Kirche geweiht wurde. Fortan hieß sie Santa Maria dei Martiri, da man tonnenweise Gebeine von Märtyrern aus den Katakomben hierher transportierte und unter dem neuen Gotteshaus beisetzte. Eine Legende erzählt, dass damals sieben Teufel aus dem christlichen Ort flohen. Ein besonders großer soll in seinem Kampf um die Freiheit die hohe Kuppel durchstoßen haben – daher die weite Öffnung in der Mitte. Das Pantheon ist die Grablege italienischer Könige sowie des weltberühmten Künstlers Raffael (1483–1520). Aufgrund seiner Dimensionen und der opulenten Marmorausstattung erscheint das Pantheon eher wie ein riesiges Denkmal denn als eine Kirche – außer am Weihnachtsabend, wenn die gregorianischen Gesänge der Mitternachtsmesse im Kerzenschein eine außergewöhnliche Stimmung zaubern.

BEZAUBERNDE TEXTILIEN

8 **Giorgi e Febbi s.r.l.**

172

HAUS DER MARKEN

9 **Degli Effetti**

162

DER BESONDERE KICK

10 **Caffè Tazza d'Oro**

152

TEMPEL DER MEERESFRÜCHTE

11 **La Rosetta**

142

FEDER, FÜLLER UND PAPIER

12 **Antica Cartotecnica**

Piazza dei Caprettari 61

In einer Welt, in der im rasenden Tempo alles auf Massenproduktion und digitale Kommunikation zusteuert, ist es geradezu erfrischend zu wissen, dass die Kunst des Schreibens im historischen Zentrum von Rom immer noch lebendig ist und floriert. Vielschreiber und Fans schönen Briefpapiers werden mit strahlenden Augen durch diesen aus den 1930ern stammenden Laden gehen. Er ist nach wie vor in Familienbesitz und erhielt erst kürzlich wieder sein ursprüngliches Art-déco-Interieur mit den vom Boden bis zur Decke reichenden Einbauschränken aus Walnussholz. Die Schauspieler Eduardo de Filippo und Renato Rascel zählen zu den illustren Kunden der Vergangenheit, und wenn man durch die Muster der Visitenkarten blättert – eine weitere Spezialität des Geschäftes –, stößt man auf berühmte Namen von Politikern, Journalisten und Schauspielern, gedruckt in den vielfältigsten Formaten und klassisch-edlen Schriftfonts. Alte Parker-Kugelschreiber, Dokumentenmappen in feinstem Glattleder sowie Notizbücher aus den 1940er-Jahren zählen zu den weiteren Entdeckungen, die man in dieser Schatztruhe machen kann. Hier wird sogar noch repariert – packen Sie also Ihren kostbaren Füller ein, falls er überholt werden müsste.

TERTIVM FECIT

WAHRHAFT KOSTBARE UNIKATE

13 Diego Percossi Papi

Via di Sant'Eustachio 16

Seit mehr als 20 Jahren fertigt Diego Percossi Papi Aufsehen erregenden Schmuck für Roms Prominenz. Seine Arbeiten genießen inzwischen ein derart hohes Renommee, dass man dem Meister jüngst die Auszeichnung eines Cavaliere del Lavoro verlieh, eine der höchsten, die Italien an Personen des produzierenden Gewerbes vergibt. Häufig besuchen Mitglieder europäischer Königshäuser seine winzige Werkstatt, die sich in einem weinüberrankten Palazzo hinter dem Pantheon versteckt. Was seine Kundschaft vor allem anzieht, ist Percossis Talent, Familienerbstücke und anderen alten Schmuck auseinander zu nehmen und die Elemente mit bunten Edelsteinen, Jade, Opalen und Emaillestückchen neu zu kombinieren. Erst nach langen Gesprächen mit seinen Kunden macht er sich an die Entwürfe. Die Ergebnisse sind vielfach opulente Colliers und Armbänder voller Persönlichkeit und inspiriert vom Stil der Renaissance.

ESPRESSO VON FORMAT

14 Il Caffè di Sant'Eustachio

153

THEATRALISCHES SCHMUCKSTÜCK

15 Teatro Valle

Via del Teatro Valle 21

Um einen Blick in dieses kleine, aber prächtigst ausgestattete Theater werfen zu können, müssen Sie eine Eintrittskarte für eine der Vorstellungen erwerben – aber es lohnt sich. 1726 erbaut, ist das Teatro Valle eine der ältesten Schauspielbühnen Roms mit einem hochkarätigen Spielplan zeitgenössischer italienischer und ausländischer Theaterproduktionen sowie Literaturfestivals und Musicals. 1821 wurde es von Giuseppe Valadier neu errichtet, jenem Architekten, der auch in den Bau der erst kürzlich wieder eröffneten Casina Valadier (S. 41) involviert war. Der Baumeister schmückte den Zuschauerraum mit Stuckarbeiten und Flachreliefs aus, um eine »heitere und strahlende« Raumwirkung zu kreieren. Überhaupt verströmt dieses Theater so viel mehr Atmosphäre als die unpersönlich wirkende städtische Oper. Durch das 1998 neu angegliederte Foyer gewann das denkmalgeschützte Gebäude einen funktionalen Eingangsbereich. Die berühmtesten Gastspieltruppen und Schauspieler betraten hier seit 1865 die Bretter, die die Welt bedeuten, angefangen von so bekannten Mimen wie Sarah Bernhardt über Ermete Zacconi bis zu Anna Magnani.

ASYMMETRISCH

16 Sant'Andrea della Valle

Piazza Sant'Andrea della Valle

Seit der jüngst abgeschlossenen Renovierung erstrahlt Sant'Andrea della Valle wieder in seiner barocken Pracht. Musikkennern ist die 1591 von Pier Paolo Olivieri begonnene Kirche als Schauplatz des ersten Aktes in Puccinis Oper »Tosca« ein Begriff. Ihre Vollendung anno 1650 lag in Händen von Carlo Maderno. Die von ihm errichtete Kuppel ist die zweithöchste nach der von St. Peter. Madernos Entwürfe liegen auch der 1665 von Carlo Rainaldi ausgeführten Fassade zugrunde. Die absolute Symmetrie wird durch das Fehlen einer Engelsstatue auf der rechten Seite gestört. Nachdem Papst Alexander VII. – an einem Portal im oberen Bereich der Fassade ist sein Wappen zu erkennen – den Bildhauer Fancelli kritisiert hatte, weigerte sich dieser, den zweiten Engel zu fertigen. Wie viele Kirchen ist Sant'Andrea della Valle zur Weihnachtszeit mit seiner Krippe das Ziel vieler Gläubigen.

IMPERIUM DER WEINE

17 Casa Bleve

152

HIMMELSTREBENDE SCHÖNHEIT

18 Sant'Ivo alla Sapienza

Corso del Rinascimento 40

Darstellungen des Turms von Babel beeinflussten den Baumeister der außergewöhnlichen, muschelförmigen Kuppel von Sant'Ivo, die gekrönt wird von einem Türmchen mit spiraliger Spitze. Von unten betrachtet kann sie sensiblen Personen bereits leichte Schwindelgefühle bereiten. Durch eine unauffällige Tür am Corso del Rinascimento erhascht man einen ersten Blick auf die Kirche. Der Palazzo della Sapienza, Teil des Gebäudekomplexes, ist heute Sitz des Staatsarchivs. 1303 wude hier von Papst Bonifaz VII. die nicht kirchliche Universität Roms gegründet. Sant'Ivos Vorgängerbau war eine Kapelle der Universität, welche in den Jahren 1642–1660 unter Leitung des berühmten Barockbaumeisters Francesco Borromini neu erbaut und dem heiligen Yves, dem Schutzpatron der Rechtsanwälte, geweiht wurde. Zwei Arkadenreihen gliedern die Fassade und setzen sich fort an den Nebengebäuden, die einen Hof umrahmen. Im Innern präsentiert sich Sant'Ivo mit seinen weißen Wänden und dem Stuckdekor als herausragendes Beispiel italienischer Barockkunst. Vor allem im Sommer kehrt hier Leben ein, wenn die Architektur zum glanzvollen Rahmen eines Festivals der Kammermusik wird.

ash
ash

MEISTER IN AKTION

19 San Luigi dei Francesi

Piazza di San Luigi dei Francesi 5

Gleich um die Ecke vom Senat, unmittelbar bevor man das Pantheon erreicht, liegt die »Französische Kirche«, 1589 von Domenico Fontana erbaut und Ludwig XI., dem Heiligen, geweiht, der zwei Kreuzzüge ins Heilige Land führte. Durch das Portal in einer imposanten Fassade aus Travertin betritt man den kühlen, dunklen Innenraum. Es ist die Contarelli-Kapelle, die mit ihren drei Caravaggios einen ständigen Strom von Besuchern anzieht. Ein paar Münzen für die Beleuchtung der Gemälde enthüllen hier Caravaggios Meisterschaft der Helldunkelmalerei. »Die Berufung des heiligen Matthäus« (1599–1602) stellt eine Gruppe von Männern (Zöllnern) mit dem Heiligen in der Mitte dar, wobei Caravaggios charakteristische Technik des *chiaroscuro* (Helldunkeleffekt) das Bild wie ein Schwert durchschneidet. An der gegenüberliegenden Wand der Kapelle hängt »Der hl. Matthäus und der Engel«. Dieses Gemälde war die zweite Fassung des Bildes, da die kirchlichen Auftraggeber die erste Version als unakzeptabel (da zu radikal) abgelehnt hatten. Das dritte Gemälde aus dem Matthäus-Zyklus stellt in dramatischer Weise das Martyrium des Evangelisten dar.

HEILKRAFT DER NATUR

20 Pontificia Erboristeria

Via del Pozzo delle Cornacchie 26

Diese Kräuterapotheke besteht bereits seit 1780 und zählt zu den »historischen Geschäften Roms«. Nach 200 Jahren des Geschäftsbetriebes schloss sie 1980, wurde aber glücklicherweise 1997 unter neuer Leitung wieder eröffnet. Die Produkte in den Regalen sind das Ergebnis langer naturheilkundlicher Forschung und Praxis, wie sie die religiösen Orden pflegten. Viele der zum Verkauf stehenden Heilmittel werden noch nach den alten Rezepturen hergestellt.

SIZILIANISCHE FINESSEN

21 Trattoria

147

INTELLIGENTES SPIELZEUG

22 Città del Sole

165

DRINKS IN DESIGNERAMBIENTE

23 Riccioli Cafe

155

CLEVER GESCHNITTEN

24 Tombolini

Via della Maddalena 31–38

Fans kamelhaarfarbener Kaschmirmäntel, eleganter Anzüge und edler weißer Hemden werden der Kaufversuchung bei Tombolini kaum widerstehen können. Dies ist das Flaggschiff unter den Geschäften des italienischen Klassiklabels, das seine Aktualität großartiger Schnittführung und der Tradition hochqualitativer Textilien verdankt. In der Via della Maddalena umfasst das Sortiment sowohl Herren- als auch Damenbekleidung sowie Schuhe und Lederaccessoires. Der Schneider Eugenio Tombolini gründete die Marke in den 1960ern. Hauptsitz der Firma Tombolini ist heute Urbisaglia in der Region Macerata, die als Zentrum der Textilherstellung bekannt ist. Inzwischen produziert das Unternehmen auch Thiery Mugler und Romeo Gigli. Es ist wie ehedem ein Familienbetrieb, nun unter Leitung der Tochter Fiorella Tombolini, die die weltweite Vermarktung des Labels forciert.

IM PERFEKTEN ANZUG

25 Davide Cenci

173

PARADIES DER FUSSGÄNGER

26 Piazza di San Lorenzo in Lucina

- Bar Vitti Centro, Piazza di San Lorenzo in Lucina 33
- Profumeria Materozzoli, Piazza di San Lorenzo i. L. 5
- Spada, Piazza di San Lorenzo in Lucina 20
- Bonpoint, Piazza di San Lorenzo in Lucina 25
- Yien, Via di Campo Marzio 33

Verlassen Sie das Getümmel der Via del Corso – und Ihre Schritte auf die Piazza di San Lorenzo in Lucina werden wie ein Spaziergang durch ein romantisches Rom vor einigen Hundert Jahren sein: Kindermädchen, die Kinderwagen schieben, feine Damen beim Spaziergang mit ihren Hündchen und gestylte Radfahrer, die für ein erfrischendes Eis Halt machen. Aus der Bar Vitti Centro weht der Duft frischen Gebäcks über die Piazza (Blätterteigtaschen gefüllt mit Ricotta und Schokolade sind die Spezialität). Materozzoli ist die Adresse, um den Vorrat an Acqua di Parma aufzufüllen, während Spada Roms Herren der Gesellschaft mit Klassikern ausstattet. Hier verkauft Massimo Barcaroli Krawatten jeden Farbtons und in (fast) jeder Art von Stoff. Als Kinderbekleidungsgeschäft im obersten Preissegment führt nebenan Bonpoint bestickte Leinenkleider und süße gehäkelte Mützchen. In der Via di Campo Marzio lockt Yien mit Perlensandalen, Kaftans aus besticktem Leinen, freakigen Sonnenbrillen und Lederwaren.

KÖSTLICH EISIG

27 Giolitti

Via degli Uffici del Vicario 40

In einer Stadt, in der die Eiscremeherstellung zur Kunst erhoben wurde, kann die Debatte um die beste »Eisdiele« niemals abebben. Giolittis Ruf als das authentischste Eiscafé wird gerechtfertigt durch seine lange Geschichte und die Verwendung einfacher, frischer Zutaten. Gegründet im Jahr 1890 von Giuseppe und Bernardina Giolitti, entwickelte sich die *latteria* (ein Geschäft für Milch und Butter) zu einem Treffpunkt der Familien bei der abendlichen *passeggiata*. Über die Jahrzehnte eröffneten die Giolittis weitere Eiscafés in der Stadt, aber ihr erstes mit seiner Einrichtung aus der Zeit der Wende zum 20. Jh. und dem nostalgischen Charme bleibt ein Lieblingsplatz der Römer. Giolittis Eisbecher erlangten zu Recht Berühmtheit, allen voran die Coppa Olimpica mit Zabaglione-, Nugat- und Schokoladeneis, eine gigantische Komposition, die zur Erinnerung an die Olympischen Spiele 1960 kreiert wurde.

ESSEN UND KUNST

28 Boccondivino

Piazza in Campo Marzio 6

Daniele Costantini schöpfte gewiss vielerlei Anregungen aus seinem Kunststudium für die Gestaltung des Boccondivino, wo er in einem coolen Ambiente moderne Klassiker wie Bertoias Stuhl »Ameise« im textilen Zebraprint zu originalen De-Chirico-Drucken oder Gemälden zeitgenössischer italienischer Künstler kombiniert hat. Untergebracht in einem Palazzo des 16. Jhs. gegenüber der blassblauen Fassade von Santa Maria in Campo Marzio, könnte dieses Restaurant leicht eine der vielen Touristenfallen am Weg zum Pantheon sein. Das Boccondivino hat sich jedoch seit mehr als zehn Jahren durch eine sorgsam zubereitete Küche im mittleren Preissegment ausgezeichnet. Spezialitäten sind etwa Linsensuppe, tintenfischschwarze Pasta mit Venusmuscheln und Spargel, Ente mit Wacholder sowie ein Tatar vom Lachs.

KÄSE UND MEHR

29 **Obika**

Via dei Prefetti 26a

In Scharen strömen die Mozzarella-Kenner ins Obika, die jüngst eröffnete Mozzarella-Bar im Herzen Roms. Konzipiert als Snackbar für einen schnellen Lunch, bietet Obika drei Varianten des berühmten italienischen Käses: *Casertana, Salernitana* und *Pontina,* alle hergestellt in der Nähe von Neapel und täglich frisch morgens um 8 Uhr angeliefert. Unter den Köstlichkeiten der Speisekarte rangieren als Favoriten vieler Gäste der Mozzarella aus der Campagna mit Anchovis und Kapern und ein Fiordilatte-Käse aus Salento, angerichtet mit einem Zwiebelchutney. Obika bedeutet im neapolitanischen Dialekt so viel wie »Hier kommt es«. Beim Namen des Lokals aber hat man den Ausdruck nach japanischer Art geschrieben – in der Tat lieferten die fernöstlichen Sushibars die Idee für Obika mit dem runden Tresen, an dem man die Gerichte schnell zusammenstellt, den Hockern und den durchsichtigen Acrylgefäßen für die Salate mit Zutaten aus ökologischem Anbau, die Käse und Schinkensorten. Labics, ein junger Aufsteiger unter Roms Architekten, mischte im Obika die klare Linie der Gegenwart mit typisch römischen Anklängen wie den luftigen Arkaden im Speisesaal. In den Abendstunden entpuppt sich das Lokal als edles Restaurant, mit Pastagerichten zur Abrundung der Mittagskarte und einer Weinkarte mit Flaschen erstklassiger Provenienz. Die Idee zu Obika hatte Silvio Ursini, Manager bei Bulgari – aber nicht nur deswegen entwickelte sich Obika zu einem In-Treff der jungen Businesspeople, der Modeclique und vieler Feinschmecker, die die quirlige Atmosphäre und den zuvorkommenden Service schätzen – und beim Genuss des absolut göttlichen Käses dahinschmelzen. Für die Zukunft denkt man sogar an eine Expansion in andere europäische Großstädte.

KURZWAREN MIT LANGER WIRKUNG

30 Passamanerie Crocianelli

Via dei Prefetti 37–40

Spezialgeschäfte für *passamanerie,* die Meterware der Borten und Kordeln sowie Quasten für Vorhänge und Polsterzier verkaufen, gibt es in Rom seit Jahrhunderten. Dieser 100 Jahre alte, denkmalgeschützte Laden ist eine Schatztruhe für alle, die selbst gestalten. Alles ist hier in den noch originalen Holzschränken fein säuberlich nach Farben geordnet. Verkauft werden außerdem hübsche Kissen in Gobelinstickerei und Stick-Sets. Und wer in den Restekörben wühlt, entdeckt sicher ein Schnäppchen.

ALT, ÄLTER, AM ÄLTESTEN

31 La Campana

142

PICASSO STAND PATE

32 Il desiderio preso per la coda

Vicolo della Palomba 23

Benannt nach Picassos Avantgarde-Theaterstück »Wie man Wünsche beim Schwanz packt«, führt diese *enoteca* ein unauffälliges Dasein in einer Gasse hinter der Piazza Navona. Seit über einer Dekade serviert man hier gute, toskanisch beeinflusste Küche – z. B. *pappa al pomodoro* (Brot- und Tomatensuppe) – ebenso wie die Eigenkreation der *farfalle picassiane:* Pasta mit Oliven, Pinienkernen, Tomaten und gehobeltem Parmesan. Der wahre Genuss besteht jedoch darin, zwischen einer Kollektion italienischer Arte povera zu speisen. Die Werke stammen aus dem Besitz der Künstlerin und Kunstsammlerin Anna Pocchiari, der Ehefrau des Gastronomen Corrado Parisi.

KOLLEKTION DER UNIKATE

33 Dulce Vidoza

Via dell'Orso 58

Dulce Vidoza – hinter dem hübschen Namen verbirgt sich eine venezolanische Designerin, die diesen kleinen, perfekt inszenierten Shop führt. Entworfen von ihrem Mann, dem berühmten römischen Architekten Massimo D'Alessandro, fungiert der Raum als elegante Bühne für eine einzigartige Kollektion. Indische Seiden, edel knitterndes Leinen und Gewebtes aus den 1950ern sind hier die Stoffe, aus denen Träume werden. Zarte Etuikleider, Hemden mit Nehru-Kragen und schwingende Röcke wie in den Fifties gehören zu den Lieblingsdesigns von Dulce Vidoza. Die passende Größe zu finden könnte sich bisweilen zum Problem entwickeln, denn die Stoffvorräte sind endlich.

TRATTORIA-KLASSIKER

34 Da Settimio all'Arancio

Via dell'Arancio 50–52

- L'Arancio d'Oro, Via di Monte d'Oro 17
- Al Piccolo Arancio, Vicolo Scanderberg 112

Journalisten und Politiker geben sich seit über 25 Jahren im Settimio die Klinke in die Hand, angezogen von der legeren Atmosphäre wie auch den langen Öffnungszeiten – und daher empfiehlt es sich, rechtzeitig zu reservieren. Eifrig kümmern sich die Kellner um ihre Gäste, und ebenso wohltuend traditionell ist die Speisekarte mit Spezialitäten des Hauses wie *ravioli all'arancia* (gefüllt mit Ricotta und Orangen) neben einer verlässlichen Auswahl an frischem Fisch. An den Sommerabenden bieten die Plätze im Freien Erlösung von der drückenden Hitze und immer auch Gelegenheit, mit anderen Gästen ins Gespräch zu kommen. Das Lokal wurde derart populär, dass zwei andere Restaurants im Arancio-Stil, L'Arancio d'Oro und Al Piccolo Arancio, eröffnet wurden. Die Geschwister Luciano, Lino, Luigi und Mara, führen dieses kleine gastronomische Imperium unter dem wachen Auge ihres Vaters Settimio, des Unternehmensgründers.

MÄRCHENHAFTE COUTURE

35 Sorelle Fontana

170

MEHR MEER

36 Reef

Piazza Augusto Imperatore 42–48

Die Zwillinge Marco und Gianluigi Giammetta, ehemalige Zöglinge des bekannten Massimiliano Fuksas, verantworteten als Architekten das Design dieses auf Fisch und Meeresfrüchte spezialisierten Restaurants. Im Gegensatz zur Fassade aus den 1930er-Jahren offenbart sich im Innern Hightech: oxidiertes Eisen, Stahlkabel und grünes Milchglas, wohin man auch blickt. Der zentrale Restaurantbereich erhielt die Form eines Schiffsdecks – mit einem Glasboden und darunter Sand, Wasser und Stücke gebrochenen Glases. Ihr Glitzern lässt das Wasser wie durch einen Windhauch bewegt erscheinen. Die überdimensionalen Fotos an den Wänden verstärken den Eindruck, als beobachte man die Unterwasserwelt durch die Bullaugen eines Schiffes. Sitzt man an der von hinten beleuchteten, smaragdgrünen Bar, so sieht man die Köche in der offenen Küche flink zwischen Herden, Töpfen und Tellern hin und her eilen. Ein Patio, kühl und geschützt, lädt zum entspannten Dinieren im Freien.

HOCHBETRIEB

37 Osteria della Frezza

144

DE GUSTIBUS

38 Gusto Emporio Libreria

167

HOCHSPANNUNG FÜR ALLE SINNE

39 L'Olfattorio Bar à Parfums

Via di Ripetta 34

Träumen Sie von einem Flakon »Mûre et Musc« oder einem Rosenduft von Les Parfums de Rosine? Die Idee, dass ein Duft Ihre Nase ebenso erregen kann, wie perlender Champagner die Geschmacksknospen kitzelt, steckt hinter L'Olfattorio Bar à Parfums, einer Parfumbar, die das Ehepaar Giovanni Gaidano und Renata De Rossi 2002 eröffneten. In einem klinisch weißen Verkaufsraum präsentiert man Ihnen Luxusmarken wie L'Artisan Parfumeur, Diptyque, Les Parfums de Rosine, Coudray und Compagnie de Provence mit Raffinesse und Eleganz. Die Kunden werden auch zu Dufttherapien eingeladen, bei denen sie an der Bar à Parfums die Aromen verschiedener Eaux de Parfum und Eaux de Toilette probieren können. Jean-Paul Guerlain beschrieb Parfum einmal als die überwältigendste Form unserer Erinnerung. Und daher setzen die Besitzer von L'Olfattorio sehr bewusst auf die wohltuenden Effekte, die etwa die Düfte von Rosmarin oder Ylang-Ylang auf unsere Psyche haben.

SKURRILE SCHÄTZE

40 Mario Squatriti Restauri Artistici

Via di Ripetta 29

Schon das Schaufenster von Mario Squatriti Restauri Artistici könnte einem Horrorfilm entstammen. Die Atmosphäre des Makabren aber durchdringt den gesamten Laden. Abgelöste Köpfe alter Puppen, Arme, Beine und andere Teile ihrer Körper liegen aufgestapelt unter zarten Spinnweben in Regalen. Mario Squatriti ist in erster Linie Restaurator für kostbare Keramikwaren, hat sich daneben jedoch auch auf Antiquitäten des 18. und 19. Jhs. spezialisiert. Seine große Leidenschaft sind alte Puppen, denen er ihre fragile Schönheit zurückgibt. Zugleich pflegt er in der Art und Weise, wie er seinen Trödel zur Schau stellt, seinen Hang zur Theatralik.

REGENBOGENBUNTER MINIMALISMUS

41 Bomba abbigliamento

163

IM HERZEN JUNG

42 Miss Sixty

Via del Corso 510

Heute ist Miss Sixty eine internationale Marke. In Rom aber nahm die Erfolgsstory ihren Anfang. Vicky Hassan begründete sein Streetwear-Imperium Mitte der 1980er und setzte mit Marken wie Energie, Killah, Sixty, Refrigi Wear und Ayor nach. Seine Vorliebe für eine sexy, funky Linie katapultierte Miss Sixty in den Olymp der Kultlabels von Models und Popstars, die die eng sitzenden Jeans, die Plastiksandalen und Retro-Taschen abgöttisch lieben. Die Strategie internationaler Expansion bedeutete für das Hauptgeschäft in der Via del Corso eine Neukonzeption unter Leitung des Architekturbüros Studio 63. Man kreierte das Ambiente einer Airport-Lounge mit Boudoir-Feeling: Verner-Panton-Stühle, rote Samtvorhänge, flauschige Teppiche und weiße Lackvitrinen im Space-Age-Look. Auch in diesem frivol-verspielten Stil mit einem Hauch von Kitsch spiegelt sich die Jugendlichkeit der Marke wider.

TRENDY

43 TAD

174

KULT DER ANTIKE

44 Maurizio Grossi

Via Margutta 109

Lust auf das Flair der römischen Antike zu Hause? Dann ist ein Besuch bei Maurizio Grossi absolutes Muss. Hier stehen Marmorobelisken in langer Reihe neben Reproduktionen römischer Skulpturen. Mosaiken römischen oder griechischen Stils werden sogar nach eigenen Entwürfen gestaltet und verschickt. Zu Grossis erlauchten Kunden zählen u. a. der König von Marokko, der drei Gusseisentische, verziert mit kostbaren Marmormosaiken, in Auftrag gab. Als Geschenke eignen sich die täuschend echt aussehenden Feigen aus Marmor und die Eier aus Halbedelsteinen. Hier legt man besonderen Wert auf handwerkliche Perfektion und die Qualität der Farben, sei es numidischer Marmor, Onyx oder ein in der Antike nur dem Kaiserhaus zustehender rot-schwarzer Marmor.

VEGETARISCHE HÖHENFLÜGE

45 Margutta Vegetariano

138

SCHLAFEN MIT STIL

46 Hotel Art

118

DAS BESTE VON DER STANGE

47 Gente

Via del Babuino 80–82

Gente heißt der Ort, an dem römische Modefreaks, Models und *perbene,* sprich gut betuchte Italienerinnen und Italiener ihr Fashion-Shopping absolvieren. Inzwischen expandierte das Unternehmen mit zwei weiteren Geschäften im Zentrum der Stadt, aber das »Stammhaus« im Boutiquenparadies der Via del Babuino offeriert das beste Sortiment. Auf zwei Stockwerken füllen italienische und internationale Marken Regale und Ständer: Prada, Helmut Lang, Gucci, Romeo Gigli oder Anna Sui sind nur einige der bekanntesten. In der oberen Etage findet Mann eine exquisite Auswahl neben einer Abteilung für exklusive Abendgarderobe – auch für die Dame von John Galliano, Jil Sanders und Ann Demeulemeester. Die Sektion der Accessoires mit ausgefallenen Marni-Taschen im Patchwork-Look oder Riemchensandalen von Prada macht jede Stippvisite zu einem zufrieden stellenden Erlebnis.

DER CHIC DER NATION

48 Costume National

171

PALASTATMOSPHÄRE

49 Palazzetto – International Wine Academy of Roma

120

FETISCH SCHUH

50 Dal Cò

168

WEIN UND BROT

51 L'Enoteca Antica

Vea della Croce 76b

Unterhaltsam erzählen die Inschriften der Weinamphoren auf den Regalen ein wenig aus der Geschichte, auch dass in dieser kleinen und immer bis zum letzten Platz gefüllten Weinbar bereits seit 1726 mit *vini e olii,* also mit Wein und Öl gehandelt wird. Wie in vielen Krämerläden jener Zeit verkaufte man außerdem Seife, Kohlen, Whiskey und Branntwein. Vor 20 Jahren entstand die *enoteca.* Der vordere Bereich fungiert als Weinhandlung, deren Stellagen bis unter die Decke mit edelsten französischen und italienischen Weinen und Likören gefüllt sind. An einem rund 100 Jahre alten Marmortresen serviert man die leichten Imbissgerichte von der Barkarte: gute, einfache Lieblingsgerichte der Römer wie *frittata di patate* (Kartoffelomelette), *mozzarella di bufala* oder einen Bohnen-Sellerie-Salat zusammen mit einer umfangreichen Auswahl an offenen Weinen. Im hinteren Teil des Raums lädt das Restaurant an kleine Tische zu Pasta und Fleischgerichten, darunter auch der Klassiker *vitello tonnato* (kalte Kalbfleischscheiben in Thunfischsauce), zu guten Preisen.

HANDWERKSZEUG FÜR KÖCHE

52 C.U.C.I.N.A

167

HANDSCHUHWEICH

53 Sermoneta

172

LUXUS HÖCHSTER PERFEKTION

54 Bulgari

170

UNVERKENNBAR

55 Valentino

175

SALATE UND SNACKS

56 Shaki Wine Bar

Via Mario de' Fiori 29a

Nur das Haupt der Sermoneta-Dynastie, der Produzenten feinster Handschuhe (S. 172) in Rom, zu sein, genügte ihr nicht. So engagierte sich Manuela Sermoneta in der Gastronomie mit dieser gut gehenden, lebhaften Weinbar unweit der Via Condotti. Shaki führt die Idee eines Labels für Haushaltwaren fort, das die Firmenchefin in einem Geschäft an der nahen Piazza di Spagna etablierte. Die Weinbar präsentiert mit Stolz das selbst gebackene Brot, opulente Salate und eine große Auswahl italienischer Weine. Den stimmigen Rahmen dazu schaffen die helle Holzverkleidung der Wände und die würfelförmigen Sitzmöbel.

ERINNERUNGEN AN DIE VERGANGENHEIT

57 Caffè Greco

153

BESSER ZU FUSS

58 Schostal

169

DER CHIC DER ALTEN WELT

59 Battistoni

168

1726
L'EnotecAntica
Roma

shaki

danesi
caffe'

EASY
CA

STERNSCHNUPPEN

60 Galleria Alberto Sordi

Piazza Colonna 31–35

Kenner und Liebhaber des italienischen Films werden sich an Alberto Sordis Komödie *Polvere de Stelle*, »Sternschnuppen«, von 1973 erinnern, in der der Regisseur und Monica Vitti zwei mittellose Musikrevuekünstler spielen, die um einen Moment der Entspannung im Italien der Nachkriegszeit kämpfen. Drehort war u. a. die Galleria Colonna, eine Art-déco-Arkade von 1922. Bei ihrer Wiedereröffnung 2003 wurde sie von Roms Bürgermeister und Filmenthusiasten Walter Veltroni zu Ehren Sordis nach ihm benannt. Neue Mosaike breiten sich über den Boden der Galleria, während der Deckenstuck in altem Glanz erstrahlt. Binnen kürzester Zeit nahmen sie die Römer in ihre *passeggiata* auf. Die große Feltrinelli-Buchhandlung ist immer einen Besuch wert und die Cafés unter den Arkaden wundervolle Orte für eine kleine Pause, insbesondere jenes direkt im Zentrum, wo Küchenchef und Gastronom Alberto Ciarla die Speisekarte verantwortet.

KUNST UND KÜNSTLER

61 Piazza di Spagna

- Museo de Chirico, Piazza di Spagna 31
- Keats-Shelley Memorial, Piazza di Spagna 26

Erst zum 20. Todestag des surrealistischen Künstlers eröffnete 1998 das Museum Giorgio de Chirico. Es belegt die oberen drei Stockwerke des aus dem 17. Jh. stammenden Palazzetto dei Borgognoni in unmittelbarer Nähe der Spanischen Treppe. De Chirico und seine Frau Isabella Pakzswer Far hatten das Gebäude 1947 gekauft und im Jahr darauf bezogen. Blickt man von der Vorderseite des Palazzetto auf die Piazza di Spagna und den Bernini-Brunnen, so prägen das Panorama auf der Rückseite die Kirche Trinità dei Monti und die Villa Medici, deren Gärten in einer Reihe von De-Chirico-Gemälden auftauchen. Sein Atelier befand sich im obersten Stock. Einige seiner Gipsmodelle liegen verstreut im Raum, als ob der Surrealist eben noch am Werk wäre. Die Atelierbibliothek umfasst eine umfangreiche Sammlung von Büchern über Kunst gewisser Themenbereiche, mit denen sich de Chirico bevorzugt auseinander setzte. Mobiliar und Hängung der Bilder entsprechen weitestgehend dem ursprünglichen Zustand, wenngleich die Stiftung die Sammlung der rund 60 Werke in wechselnden Ausstellungen zeigt.

Nur wenige Meter entfernt liegt das Wohnhaus des englischen Dichters John Keats, ein blassrosafarbenes Gebäude, das als Keats-Shelley Memorial zugänglich ist. Keats (geb. 1795) starb hier 1821 an Schwindsucht, nur vier Monate nach seiner Ankunft in Italien. Auf dem protestantischen Friedhof von Testaccio (S. 89) liegt er begraben. Der englische Literat P. B. Shelley (1792–1822), dessen Manuskripte ebenfalls ausgestellt sind, logierte auf der anderen Seite der Piazza. In der mitunter sehr persönlichen Zusammenstellung der Exponate findet sich auch eine Locke der Schriftstellerin Elizabeth Barrett Browning, die sie Robert Browning geschenkt hatte.

IKONEN DER GEGENWART

62 Fendi

175

BAR FÜR ALLE TAGESZEITEN

63 Caffè Romano

154

JEDEM SEINEN SCHUH

64 Fausto Santini

Via Frattina 120

Obwohl man sich in Italien und überhaupt in Rom vor Schuhgeschäften kaum retten kann, scheint immer noch genügend Platz für neue. Zu Recht darf sich Fausto Santini zu den beliebtesten Schuhdesignern der Stadt rechnen. Und schnell wird klar, warum: Er verschmilzt natürliche Formen, flache Absätze und weiches Leder zu schlichten und dennoch modischen Klassikern jenseits des Diktats der aktuellen Saison. Überall im Geschäft entdeckt man Schildchen mit dem ungewöhnlichen Appell an die Kunden: »Bitte berühren« – das haptische Gefühl der Ledertaschen und Schuhe ist in der Tat ein Erlebnis für sich. Eingefleischte Santini-Fans sollten sich auch den Outlet-Shop in der Via Cavour (unweit von Santa Maria Maggiore) vornehmen: Dort kauft man die Modelle der vorangegangenen Saison zu einem Bruchteil des Normalpreises!

SILBRIG SCHIMMERNDE ELEGANZ

65 Eleuteri

Via Condotti 69

In Italien kultiviert man die Freude an schönen Dingen und Luxus. Auch bei Eleuteri. Und daher gehört dieses Geschäft für edle Geschenke zu den festen Adressen der Politiker des nahen Parlaments. In dem Silberwaren- und Schmuckgeschäft ist man spezialisiert auf Jugendstilpreziosen des 20. Jhs. sowie auf Geschmeide der 1940er-Jahre in Gold und kostbarsten Steinchen. Moderne Kreationen stammen aus den Werkstätten von Boucheron, Bulgari und Cartier, während die ausladenden Silbertabletts meist englische Meisterschaft beweisen.

VERRÜCKTES FÜR DIE FÜSSE

66 Herzel

Via di Propaganda 14

Herzel de Bachs Schuhkreationen mit dem unverhohlenen Sex-Appeal sind der Renner bei den Damen der Gesellschaft, seit er vor 25 Jahren sein Geschäft unweit der Spanischen Treppe eröffnete. Im Sog des ersten Erfolges folgte bald eine weitere Boutique in der nahen Via del Babuino (Nr. 123). Herzel heißt: Mund-zu-Mund-Propaganda, keine Werbung, einziger Standort Rom und vor allem handschuhweiches Leder in Silber- und Goldtönen sowie Pastellfarben. Hohe Absätze und das Preisetikett passend zum Schuh machen ein Paar Herzel zum Statussymbol – nicht nur in Rom.

EXZENTRISCH AUFREGEND

67 Casa Howard

122

HÜBSCHES FÜR DIE JÜNGSTEN

68 Lavori Artigianali Femminili

Via di Capo le Case 6

In einer Einkaufswelt der Ladenketten ist es geradezu erfrischend, einen Shop für handgefertigte und individuelle Kinderkleidung zu entdecken. Die Artikel sind derart hübsch, dass ein flüchtiger Blick in das nostalgisch dekorierte Schaufenster genügen mag, das Prada-Budget zugunsten eines neuen Outfits für den Nachwuchs zu kappen. Lavori Artigianali Femminili führt Leinenwäsche für den Haushalt, wunderschön bestickte Babykleidung und gesmokte Taufkleidchen. Zugegeben: Die kostbaren Kreationen für den besonderen Anlass haben ihren Preis.

ZUVERLÄSSIG HERVORRAGEND

69 Colline Emiliane

Via degli Avignonesi 22

Die Verehrer der norditalienischen *cucina* pilgern hierher, um ihre Sehnsucht mit *tortellini in brodo* (in einer Brühe), *bolliti* (Sudfleisch) und mit Kürbis gefüllter Pasta zu stillen. Viel Holz als Dekor verströmt Behaglichkeit, aber ohnehin will man im Colline Emiliane eher dem Magen als dem Auge schmeicheln. Seit der in Bologna geborene Mario Falchieri 1931 hier sesshaft wurde, um den Römern die Küche der Emilia vertraut zu machen, dampft und brodelt es in den Töpfen. 1967 übernahm die Familie Latini den Betrieb – verändert hat sich dennoch nichts, weder die Speisekarte noch der diskrete Service der Kellner in ihren weißen Jacketts.

BAROCKGLANZ

70 Galleria Nazionale d'Arte Antica di Palazzo Barberini

Via delle Quattro Fontane 13

Zu den Reizen dieses Galleria-Besuchs gehört der Gedanke, einmal in die Gemächer einer der ältesten Adelsfamilien Roms vorzudringen. Vorbei an Berninis berühmtem Brunnen *Il Tritone* auf der Piazza Barberini spaziert man hügelaufwärts die Via delle Quattro Fontane zu dem extravaganten Palazzo des 17. Jhs. Begonnen hatte ihn Carlo Maderno, seine Fertigstellung aber lag in Händen der rivalisierenden Architekten Borromini und Bernini, Auftraggeber war Maffeo Barberini, wie Papst Urban VII. mit weltlichem Namen hieß. Dieser Palazzo ist das Symbol römischen Hochbarocks in seiner glanzvollsten Ausprägung. Treppen, Arkaden und eine großartige Eingangshalle sollten Glanz und Macht der Barberini repräsentieren. Das grandiose Deckenfresko ist ein Werk Pietro da Cortonas aus dem Jahr 1633. Als der Palazzo an den Staat verkauft wurde, entstand mit der Galleria Nazionale d'Arte Antica eine Pinakothek, die neben der Barberini-Sammlung auch Gemälde aus dem Corsini-Palast in Trastevere aufnahm. Raffaels Porträt seiner vermeintlichen Geliebten, »La Fornarina«, zählt zu den populärsten Exponaten, doch Filippo Lippis »Madonna und Kind«, Tintorettos »Christus und die Ehebrecherin« sowie Werke von Caravaggio, Tizian und El Greco stehen ihm in ihrer künstlerischen Qualität keinesfalls nach.

MODISCHE SNACKS

71 Moma

Via di San Basilio 42–43

Vielleicht beeinflusst vom kompromisslos zeitgenössischen Stil des nahen Aleph Hotel (S. 128), ist die Weinbar mit Restaurant eine Oase klaren Designs in einer Gegend der barocken Exzesse. Ist der Name einerseits eine Hommage an New Yorks Museum of Modern Art, greift er andererseits auch einen Ausdruck des römischen Dialekts auf, und zwar das *mò magnamo* – »wir essen jetzt«. Locken zum Frühstück frische Croissants, erlebt man gegen Mittag den Belagerungszustand der elegant gekleideten Mitarbeiter aus den nahen Ministerien und Botschaften. Kleine Gerichte wie frittierten Mozzarella, Anchovis-Croûtons oder frischen Fruchtsalat genießen viele auf den Hockern an der Bar. Im Obergeschoss serviert man gepflegt Dreigängemenüs einer modernen italienischen Küche: kurz gebratenen Thunfisch etwa oder Spaghetti mit Venusmuscheln und Spargel. Ebenso modern ist die Auswahl der Weine, viele davon sind offen erhältlich.

RITZ IN ROM

72 Teesalon im Saint Regis Grand Hotel

Via Vittorio Emanuele Orlando 3

De gustibus non est disputandum – über Geschmack lässt sich bekanntlich nicht streiten, und der opulent-überschwängliche Dekorationsstil des Saint Regis Grand Hotel spricht vielleicht nicht jedermann an. Die Muranoglaslüster, die freskierten Wände und das Mobiliar im Empire- und Regency-Stil verströmen das klassische Grandhotel-Feeling. Cesar Ritz selbst eröffnete im Jahr 1894 das Hotel als »Le Grand«, damals eine der ersten Luxusherbergen in Rom. Einer Neueröffnung im Jahr 1999 ging eine revolutionäre Renovierung voraus, doch weit länger schon schätzen Staatsoberhäupter und andere Politiker sowie Geschäftsleute den Luxus der Spitzenklasse im Saint Regis Grand. Wer nur einmal kurz in die geldschwere Atmosphäre dieser Hallen eintauchen will, findet beim Nachmittagstee die optimale Gelegenheit. Ebenso wie im weltberühmten Schwesterhotel in London versteht man sich hier auf die Kunst des Teezermonie. Die Harfenklänge aus der Lobby könnten einem missfallen, aber im Grunde wird man alles »verdauen«, wenn köstliche italienische Patisserie, Sandwichhäppchen und Petits Fours auf ausladenden Silbertabletts zum Naschen verführen.

DER SIEBTE HIMMEL

73 Aleph Hotel

128

HIMMLISCHE EKSTASE

74 Santa Maria della Vittoria

Via XX Settembre 17

In der kleinen, von barocken Ornamenten überladenen Kirche Santa Maria della Vittoria sorgte Gian Lorenzo Bernini mit der Cornaro-Kapelle für Aufsehen. Zwischen 1645 und 1652 errichtet, wirkt sie wie ein Theater, denn acht Mitglieder der Familie Cornaro scheinen gebannt das mystische Geschehen in der Altarnische zu verfolgen: »Die Verzückung der heiligen Theresia von Ávila«. Berninis Heilige, die Augen halb geschlossen und den Mund leicht geöffnet, entbehrt die Herbheit einer streng religiösen Frau. Während die Engländer des Viktorianischen Zeitalters geschockt waren von der Sinnlichkeit der Darstellung, urteilten andere begeistert über die Verklärung und Inspiriertheit. Den Engel, der den Pfeil aus dem zu Boden sinkenden Körper der Heiligen zieht, umrahmt ein Strahlenkranz, eine Explosion des Lichts, wie sie Bernini später erneut in St. Peter effektvoll inszenierte.

VISUELLER GENUSS

75 Sant'Isidoro

Via degli Artisti 41

Sant'Isidoro liegt nur ein paar Schritte von der Via Vittorio Veneto entfernt in einem lange von Künstlern bewohnten Sträßchen. Um Zutritt zu diesem kleinen Meisterwerk des Barocks zu erlangen, müssen Sie hartnäckig Ihre Finger auf die Klingel am Portal der von einem irischen Franziskaner gegründeten Kirche drücken. Geduld wird in der Regel auch belohnt. Personal der Irish Church (gegenwärtig leben nur noch einige Priester hier) kümmert sich um die Besucher. Erst kürzlich restauriert, ist die Hauptattraktion der Kirche ein weiteres Bernini-Meisterwerk: die Da-Sylva-Kapelle aus dem Jahr 1660. Übermalungen vergangener Restauratoren sind nun verschwunden und ebenso die hässlichen Bronzeverhüllungen, die man im 18. Jh. den nackten Figuren von Wahrhaftigkeit und Nächstenliebe verpasst hatte.

KULTURRAUM

76 Scuderie del Quirinale

Via XXIV Maggio 16

Der Palazzo Quirinale, benannt nach dem Hügel, auf dem er thront, entstand im 16. Jh. als Sommersitz der Päpste, war später Residenz der Könige und ist heute Präsidentenpalast. Gegenüber liegen die Scuderie, bis 1938 Kutschenhaus und Stallung des Palastes. 1999 entkernte die Architektin Gae Aulenti den Komplex und kreierte auf 3000 Quadratmetern ein herausragendes Kulturzentrum für wechselnde Ausstellungen moderner Kunst und Fotografie. Nach der überaus gefühlvollen Restaurierung wandelt man unter schönen Gewölben durch luftige Räume, die mit dem für Rom so charakteristischen Travertin gestaltet sind. Der Panoramablick über die Stadt von der verglasten Treppe auf der Rückseite gehört zu den vielen, oftmals völlig überraschenden Qualitäten von Le Scuderie. Ein Muss nicht nur für Liebhaber italienischer Kunst ist der geschmackvolle Buchladen im Erdgeschoss.

VERFÜHRERISCH VORZÜGLICHES

77 Angelo Lounge Bar

158

CHAMPAGNERPRICKELN

78 Tazio

157

IN VINO VERITAS

79 Trimani

164

DOLCE-VITA-REVIVAL

80 Sala degli Angeli, Café de Paris

Via Vittorio Veneto 90

La dolce vita mag endgültig der Vergangenheit angehören. In der Via Vittorio Veneto aber unternimmt man alle Anstrengungen, das süße Leben neu zu erschaffen, nicht zuletzt im Café de Paris. Die Sala degli Angeli, der Teesalon im ersten Stock, vermittelt die Atmosphäre eines privaten Clubs – schon durch die satten Rottöne und die niedlichen Goldengel. Tee gewinnt in Rom ohnehin zunehmend an Popularität, man serviert Gebäck zu einer erlesenen Auswahl von Darjeeling, Ceylon Pekoe, Formosa Fancy Oolong und japanischen Grüntees, ferner Stückchen von Schokolade mit extrem hohem Kakaoanteil wie die venezolanische Marke Chuao, die ein angenehm herber Geschmack auszeichnet, oder Toscano White mit dem blumigen Aroma von Vanille.

HOTSPOT DER AKTIVITÄT

81 Doney

Via Vittorio Veneto 125

Richard Burton, Burt Lancaster, Ava Gardner – die Paparazzi ergatterten hier ihre Shots in den heißen Tagen der 1950er und 1960er. Im Jahr 2000 schnappte das Westin Excelsior Hotel von nebenan beim Verkauf zu. »Hip, hot, happy«, charakterisiert das Management das neue Doney. Die schwarz-rote Einrichtung, Mannequins im geometrischen Look, Kerzenlicht und Kandelaber summieren sich zum Eindruck des »beinahe zu viel«, aber dennoch ist der Club muntere Abwechslung zu den farblosen Etablissements in derselben Straße. Die bequemen Polstersitze und schmiedeeisernen Tischchen auf dem Gehsteig gewähren Minuten der Ruhe, abgeschirmt von der Hektik des Verkehrs durch die Vorbauten. Von hier lässt sich ein Viertel in Augenschein nehmen, das vor allem architektonisch interessant ist – und ein frühes Beispiel von Grundstücksspekulation. Es entstand Ende des 19. Jhs., als die Boncompagni-Ludovisi-Prinzen das zur Familienvilla (17. Jh.) gehörende Land parzellierten und damit pompösen Neubauten wie der Villa Margherita, heute die amerikanische Botschaft, den Weg ebneten.

SYMPATHISCHE PIZZERIA

82 San Marco

Via Sardegna 38d

Von ihrer ehemaligen Pizzeria übernahmen die Besitzer den Namen, die Küche ihres großzügigen Speiselokals mit dem kühlen Patio aber folgt heute der kulinarischen Philosophie des Gusto (s. Seite 144): Wie erzielen italienische Gerichte höchster Qualität in einem angenehm designten Ambiente ihre optimale Wirkung? Das Lokal offenbart verschiedene Stile: Den vorderen Bereich prägen lange Kirschholztische, Hängelampen und Wandgemälde mit Zitaten von Andy Warhol. Im rückwärtigen Teil hingegen wird es rustikaler mit einem Hauch von Extravaganz, denn dort stehen die klassischen Trattoria-Stühle neben Schränken eines alten Lebensmittelladens. Raffiniert verpackt, füllen Öle und Weine der eigenen Marke die Regale vom Boden bis zur Decke. Im Raum daneben sind Rezepte auf riesige Wandtafeln gekritzelt, während Anekdoten und Zeichnungen zum Thema Essen der Bar ihre spezielle Note verleihen. San Marco nennt sich Weinbar, Grill, Restaurant und Pizzeria, und so findet fast jeder hier seine Wünsche erfüllt. Unter den Gästen sind natürlich auch Touristen (die Via Vittorio Veneto ist nah), aber nicht weniger Gruppen von Einheimischen, die gerne einen Abend zusammen feiern.

MEDIATECA
BIBLIOTECA

MACRO
MUSEO D'ARTE CONTEMPORANEA ROMA

PIAZZALE Q.III
DEL
MUSEO BORGHESE

FAMILIENERBSTÜCKE

83 Galleria Borghese

Piazzale del Museo Borghese 5

Inmitten der grünen Parkoase der Villa Borghese mit dem in den letzten Jahren umfassend neu gestalteten Zoo ermöglicht die Galleria Borghese einen Blick auf die, wie es heißt, beste nicht königliche Kunstsammlung der Welt (1998 nach langen Jahren der Schließung wieder eröffnet). Unter den herausragend arrangierten Meisterwerken finden sich u. a. Antonio Canovas Skulptur von Paolina Borghese (der Schwester Napoleon Bonapartes) als Venus, eine triumphale Verherrlichung des Klassizismus, sowie Berninis »David«, den er im jugendlichen Alter von nur 25 Jahren schuf und damit eine Revolution der Kunst heraufbeschwor, denn dieser David sollte den Betrachter aus allen Blickwinkeln beeindrucken. Weitere Schätze in den überreich ausgestatteten Räumen sind Gemälde von Caravaggio und Raffael. Die Besuche sind auf zwei Stunden begrenzt, ferner ist eine Vorreservierung der Karten erforderlich.

BEZAUBERNDE SOMMERFRISCHE

84 Casina Valadier, Villa Borghese

Piazza Bucarest

Nach den Plänen des Architekten Giuseppe Valadier entstand zwischen 1816 und 1837 das klassizistische Sommerhaus am Rand des Pincio-Parks auf dem Areal der Villa Borghese. Aufgrund seiner einzigartigen Ausblicke auf Roms Norden war es ursprünglich als Treffpunkt der römischen Intellektuellen (im Stil eines französischen Bistros) geplant. Doch die Künstler hielten an ihren angestammten Kneipen rund um die Piazza del Popolo fest. Erst während des Ersten Weltkriegs gewann die Casina Profil, als Mahatma Gandhi, Richard Strauss und König Farouk an ihren Tischen Platz nahmen. In den 1980ern jedoch entdeckten die Medienclique und die Politik die Location für das Powerlunch. Ausgedehnte Renovierungsarbeiten folgten in den 1990ern, und als die Casina im Sommer 2004 im neuen Outfit der Architekten Cesareni e Marsaglia und mit einer Karte des bekannten Antonio Sciullo, vormals Küchenchef im Hotel Byron, wieder eröffnete, begannen die Schönen und Mächtigen das Haus zu erobern. Ob man sich heute für ein Dinner auf der Terrasse oder den Snack in der Cafeteria des Gartens entscheidet, immer erlebt man beste mediterrane Marktküche und erstklassigen Service – Indizien für den neu erstrahlenden Glanz eines der faszinierendsten Orte der Stadt.

NEUHEIT

85 MAXXI

Via Guido Reni 10

Vielleicht wird es 2006 noch nicht fertig gestellt sein, aber Roms neues Zentrum zeitgenössischer Kunst und Architektur beschäftigte die Kolumnisten bereits mehr als jedes andere Kulturprojekt der Gegenwart. Kein Wunder, denn MAXXI, das Museo Nazionale delle Arti del XXI Secolo, entsteht nach Plänen der berühmten Architektin Zaha Hadid. Dieses Projekt steht in einer Reihe mit Renzo Pianos Auditorium und Odile Decqs Macro-Museum (s. u.). In einer Stadt, die sich lange dem zeitgenössischen Design verschlossen hat, verkörpern diese Innovationen den Aufbruch in ein neues Zeitalter der Gestaltung, das Rom wieder in den Blickpunkt der Architekturdiskussion rücken wird. Hadids Konzept für die 26 000 qm des MAXXI sieht eine flexible Raumgliederung für Ausstellungen und andere Veranstaltungen vor. Noch während der Bauzeit finden Ausstellungen in einem loftähnlichen Bereich statt, der aus den ehemaligen Militärkasernen hervorging.

ZENTRUM DER KULTUR

86 Macro

Via Reggio Emilia 54

In der ehemaligen Peroni-Brauerei (Anf. 20. Jh.) eröffnete 2002 Roms erstes Museum zeitgenössischer Kunst. Unter den hier präsentierenden Künstlern waren z. B. Tony Oursler, Cecily Brown und Andreas Gursky. Im Macro, einem Werk der französischen Architektin Odile Decq, harmonieren Kunst und lichte Hightecharchitektur. Verglaste Dächer und Aufzüge sowie eine Reihe von Brücken, die die beiden Gebäude verbinden, verleihen dem Ensemble das Flair kühler Industriebauweise. Decqs Ideen für Mobiliar und Lichtgestaltung realisierten die Firmen Poltrona Frau und Luceplan. Die ständige Ausstellung widmet sich dem Italien der 1960er. Die Führungen machen bekannt mit Werken der Scuola di Piazza del Popolo, von Tano Festa, Mario Schifano und Titina Maselli sowie von Vertretern der Arte povera wie Mario Ceroli und Pino Pascali, ferner von Piero Pizzi Cannella, Gianni Dessì und Bruno Ceccobelli, Mitgliedern einer Künstlergruppe, die sich in den 1980ern in San Lorenzo formierte und als Nuova Scuola Romana Aufmerksamkeit weckte. Für 2005 ist die Eröffnung eines neuen Flügels mit einer Dachterrasse, Gärten und Ausstellungsräumen geplant.

LÄNDLICHER CHARME

87 Baba

146

88 Auditorium Parco della Musica

Viale Pietro de Coubertin 30

Drei schimmernde Skarabäen sind die überraschenden Symbole der römischen Architekturrenaissance der Gegenwart. Das Auditorium, ein Entwurf von Renzo Piano, dem meistgefeierten Sohn der Stadt Genua, erhebt sich zwischen dem olympischen Dorf aus den 1960ern und dem betriebsamen Corso Francia, etwa zwei Kilometer von der Piazza del Popolo entfernt. Mit dem Auditorium erhielt Rom endlich einen adäquaten Aufführungsort für klassische Musik und das städtische Orchester, die Academia Nazionale di Santa Cecilia, eine feste Adresse. Konzipiert als Musikpark, umfasst das Auditorium drei Aufführungshallen, von denen jede für eine bestimmte Form musikalischer Präsentation ausgelegt ist. Mit dem höchsten Augenmerk auf Akustik plante Piano im Team mit Spezialisten von Müller-BBM aus München-Planegg eine Konzerthalle mit 700 Plätzen für Kammermusik und kleine Konzerte, eine mittelgroße für 1200 Zuhörer, in der Symphoniekonzerte und Ballette zur Aufführung kommen. Die größte mit 2700 Plätzen wurde für Opern und moderne Musik ausgelegt. Im Freigelände knüpft die Arena für 3000 Personen an die griechisch-römische Tradition der Amphitheater an. Das luftige Foyer verbindet die drei Hallen. Als Dekor wählte man riesige Neons von Maurizio Nannucci, die von der Musik inspirierte Zitate so unterschiedlicher Künstler wie Haydn, John Lennon und Kandinsky darstellen. Darüber hinaus gehören zwölf Werke des Surrealisten Roberto Sebastián Matta zur ständig wachsenden Kunstsammlung des Auditorium.

Stilvoll, wenngleich im kleineren Rahmen, verwöhnt das elegante und opulent gestaltete Restaurant Red mit einer mediterran inspirierten Küche. In den späteren Abendstunden übernimmt »Haus-DJ« Fabio Ottaviani die Regie der beliebten Clubnächte, wobei die Freitage unter dem Motto »Good Grooves« stehen. Eine internationale Palette von Büchern zu Kunst und Design sowie eine umfangreiche CD-Auswahl führt nebenan der Buchladen NoteBook. Renzo Piano gewann den Wettbewerb für das Auditorium bereits vor zehn Jahren. Während der ersten Bauphase aber stieß man auf Überreste einer römischen Villa aus dem 4. Jh. v. Chr., sodass die Arbeiten für zwei Jahre zum Stillstand kamen, dafür aber eine Fülle von künstlerischen Zeugnissen ans Tageslicht befördert wurde. Diese sind nun in einer archäologischen Zone und einem Museum zugänglich.

Campo de' Fiori
Piazza Navona

PRATI
Castel Sant' Angelo
Ponte Umberto I
Piazza di Ponte Umberto I
Lungotevere di Tor di Nona
Piazza Ponte Sant' Angelo
Ponte Sant' Angelo
Lungotevere degli Altoviti
Ponte Vittorio Emanuele II
Piazza P. Paoli
Corso Vittorio Emanuele II
L. dei Fiorentini
Ponte Pr. Amadeo Savoia Aosta
Piazza dei Coronari
Via dei Coronari
Piazza di San Salvatore in Lauro
Piazza Lancellotti
Piazza San Simeone
Via Zanardelli
Via dei Soldati
Piazza Sant'Apollinare
Piazza delle Cinque Lune
Largo Febo
PONTE PARIONE
Largo Tassoni
Largo dei Fiorentini
Piazza dell'Orologio
Piazza del Fico
Piazza Navona
Corso del Rinascimento
Palazzo Madama Senato
Lungotevere dei Sangallo
Piazza Sforza Cesarini
Piazza della Chiesa Nuova
Piazza di Pasquino
Piazza dei Massimi
Teatro Valle
Palazzo della Cancelleria
Piazza San Pantaleo
Piazza Sant'Andrea della Valle
Piazza dei Ricci
Piazza della Cancelleria
Piazza Pollarola
Piazza del Paradiso
Piazza Vidoni
Piazza Campo de' Fiori
Ponte Giuseppe Mazzini
Lungotevere dei Tebaldi
Largo del Pallaro
Teatro Argentina
Piazza Farnese
Palazzo Farnese
Largo Arenula
Palazzo Spada
Piazza del Monte di Pietà
Piazza della Trinità dei Pellegrini
Piazza Benedetto Cairoli
Via Arenula
MONTE GIANICOLO
Lungotevere della Farnesina
REGOLA
Ponte Sisto
Lungotevere dei Vallati
Ponte Garibaldi
0,25 Kilometer
1 2 3 4 5 6 7 8 9 10 11 12 13 14 15 16 17 18 19 20 21 22 23 24 25 26 27 28 29 30 31 32 33 34 35 36 37 38 39 40 41 42 43 44 45 46 47

Bis in die 1970er-Jahre hinein war die Gegend um den Campo de' Fiori berüchtigt für Diebstahlsdelikte und Drogenhandel. Die Zeiten ändern sich. Trotzdem hat sich das Quartier seinen ureigenen Charakter bewahrt, eine Mischung von Show und Chaos, wilden Farben und Schönheit. Der Platz des ältesten Obst- und Gemüsemarktes des Stadt ist im katholischen Rom der einzige ohne eine Kirche. Stattdessen erinnert eine Statue an den Dominikanermönch Giordano Bruno, der hier im Jahr 1600 als Ketzer auf dem Scheiterhaufen starb. Der zweifelhafte Ruf des Viertels liegt aber schon in der Antike begründet: In unmittelbarer Nähe des Campo wurde am Largo de Pellaro Julius Cäsar im Jahr 44 v. Chr. erdolcht. Heute hingegen erstrahlen die renovierten mittelalterlichen Palazzi rund um die Piazza in zarten Pastellfarben, pulst das Leben in den Eiscafés, den kleinen Lebensmittelläden, an den Blumenständen und in den Bäckereien, die warme Pizzastücke verkaufen.

Unter einem Sonnenschirm in einem der kleinen Cafés zu sitzen und bei einem Cappuccino das Leben an sich vorbeiziehen zu lassen – dies ist gewiss der schönste Weg, die Stimmung des Viertels zu spüren. Tagsüber prägt die Hektik des Marktes das Bild. Am späten Nachmittag dann füllen sich die Bars und Pizzerien, übernehmen die jugendlichen Nachtschwärmer die Szenerie. Heiterkeit liegt auch über der Piazza Farnese nur einen Straßenblock entfernt. Dort beginnt die herrliche, romantisch beleuchtete Via Giulia (S. 48). Die Passagen tragen noch die Namen der Handwerker, die hier während des Mittelalters ihre Werkstätten hatten. Ob Via dei Cappellari, die Straße der Hutmacher, Via dei Giubbonari, die Straße der Jackenschneider, oder Via dei Chiavari, wo die Schlüsselmacher arbeiteten – sie alle öffnen Fenster in die Vergangenheit, wenngleich in die alten Gebäude längst Boutiquen und die obligaten Kunstgalerien und Weinbars eingezogen sind.

Nördlich des Corso Vittorio Emanuele II erstreckt sich die Piazza Navona. In dieser nobleren Gegend zählen die attraktiven Straßen Via del Governo Vecchio (S. 59) und Via dei Coronari zu den begehrtesten Adressen Roms. Das Niveau der Enoteche, der alten Spezialgeschäfte und schicken Boutiquen wie L'una e L'altra (S. 164) entspricht der zahlungskräftigen Einwohnerschaft, während die nähere Umgebung der Via della Pace mit der Bar della Pace (S. 151), Bar del Fico (S. 155) und Bramante Roms Hotspot des Nachtlebens ist. Die von Touristen überrannte Piazza Navona (S. 60) kämpft hart damit, die barocke Schönheit der Architektur mit der Präsenz marktschreierischer Buden für billige Fußballsouvenirs unter einen Hut zu bringen. Dennoch: Borrominis außergewöhnliche Kirche Sant'Agnese in Agone, der prächtige Palazzo Pamphilj (jetzt die brasilianische Botschaft) und Berninis Fontana dei Quattro Fiumi strahlen als unübersehbare Schönheiten.

AUF DEN SPUREN DER PILGER

1 Via Giulia

Trotz des beständigen Autoverkehrs ist diese bezaubernde Kopfsteinpflasterstraße ein attraktiver Ort für einen Bummel während des Tages und der Abendstunden. Flankiert von Geschäften für Antiquitäten und Modeschmuck, ist das Prunkstück der Via Giulia der Palazzo Farnese, heute Sitz der französischen Botschaft. Papst Julius II. stand Pate für den Namen der Straße, gehörte sie doch zu seinem revolutionären Stadtkonzept, einen neuen Zufahrtsweg nach St. Peter unter der Leitung des Baumeisters Bramante anzulegen. Das Projekt geriet allerdings ins Stocken, als die Geldmittel ausgingen. Noch dazu starb der Papst vor Abschluss der Arbeiten. Beginnen Sie Ihren Spaziergang am oberen Ende der Via Giulia bei San Giovanni dei Fiorentini und genießen Sie den Weg bis zum Ponte Sisto, jener Tiberbrücke hinüber nach Trastevere.

KRUDE KOST

2 Crudo

154

STOLZ DES HAUSES

3 Spazio Sette

166

FUNKY

4 Angelo di Nepi

Via dei Giubbonari 28

Über das Stadtgebiet verteilt besitzt Angelo di Nepi mehrere Boutiquen, von denen jede die für ihn typische kühle Eleganz spüren lässt. Eine feuerrote Chilischote erhob er zum Markenzeichen, symbolisch für Produkte »made in Italy«. Sein Talent aber liegt darin, farbenkräftige Seiden-, Baumwoll- und Leinenstoffe in raffinierte klassische Kleider, Hosen und Hemden zu verwandeln. Während der letzten 20 Jahre gewann sich di Nepi einen treuen Kundinnenstamm unter den gut betuchten Römerinnen, die seine dezenten und trotzdem charmanten Kreationen abgöttisch lieben. Die Gestaltung der Geschäfte liegt in der Hand von Victor Raccah. Mutig kontrastiert er Alt und Neu, als Beispiel: die römisch inspirierten Mosaiken, die er in Zementböden bettet, oder die 1950er-Jahre-Kristalllüster neben bunten Hängelampen.

SHOPPEN UND SCHLEMMEN

5 Roscioli

140

ROM PRIVAT

6 Palazzo Spada

Piazza Capo di Ferro 13

Blicken Sie einmal in die Runde auf der wundervoll asymmetrischen Piazza della Quercia, wo große Eichen ihren Schatten auf das Pflaster zwischen den ockerfarbigen Palazzi werfen – und Sie werden sich in das Rom des 16. Jhs. versetzt fühlen. 1550 von Giulio Mazzoni entworfen, ist der Palazzo Spada triumphale Hingabe an die Lust ornamentaler Stuckdekoration, eine frühe Vorwegnahme barocken Überschwangs und zugleich Kontrapunkt zur Nüchternheit des nahen Palazzo Farnese. Das ungewöhnlichste Kunstwerk dieses Palazzo, heute Sitz des italienischen Staatsrats, ist Borrominis Trompe-l'Œil-Perspektive (entstanden 1652/53), welche man vom Hof aus entdeckt. Die Kunstwerke in der aus vier Räumen bestehenden Galerie stammen aus der kleinen, aber erlesenen Sammlung des Kardinals Bernardino Spada. Darunter sind einige Gemälde aus dem 16./17. Jh. sowie bemerkenswerte römische Skulpturen. Tizian, Guercino, Annibale Carracci, Guido Reni und Gaspard Dughet zählen zu den hier vertretenen Meistern.

CAPPUCCINO ORIGINAL

7 Bar Farnese

Piazza Farnese 106–107

Wohlhabende Einheimische, rombegeisterte Touristen und gelegentlich auch Menschen, die ihre Hunde spazieren führen, genießen die herausragende Lage der Bar Farnese an einer Ecke der gleichnamigen Piazza mit Blick auf einen der schönsten Renaissancepaläste Roms. Eigentlich immer, aber insbesondere in den Morgenstunden sonniger Wochenendtage sind die Tischreihen, die sich zur Via dei Baullari hin ausdehnen, bis zum letzten Platz gefüllt. Verkürzen Sie sich die Zeit des Wartens schon mal mit dem Kauf einer Zeitung an dem bezüglich internationaler Presse hervorragend sortierten Stand nebenan. Das Frühstück ist klassisch italienisch mit feinen *cornetti,* gefüllt mit Konfitüre, Creme oder Schokolade, während zu Mittag *tramezzini,* die dreieckigen Sandwiches, perfekt den kleinen Hunger besänftigen.

CAFFE
Farnese

HÜBSCH UND ORIGINELL

8 Baullà

Via dei Baullari 37

In diesem bis unter die Decke gefüllten Laden hat jeder Artikel eine Geschichte zu erzählen, ob die Seidenhemden aus Kambodscha oder das Unikat eines Rocks, der aus einem vietnamesischen Druckstoff der 1950er geschneidert wurde. Die fernöstlichen Textilien sind in der Tat sehr inspirierend und verlockend, nicht weniger auch die kunsthandwerklichen Arbeiten aus dem ländlichen Norditalien. So verkauft Baullà etwa stapelweise die weichen Samtpantöffelchen aus dem Veneto, welche nach alter Tradition zu Hause oder während der Karnevalszeit getragen werden. Und hier begeistern sie nicht nur in allen Farben, sondern ebenso in weichem Wildleder. Angefangen von schmucken Flechttaschen mit rosafarbenen Henkeln bis zu Leinenhüten und weichen Wollmützen ist Baullà eine Schatztruhe für schräge, individuelle Stücke.

MUSIKALISCHE MAHLZEITEN

9 Ditirambo

Piazza della Cancelleria 74–75

Zwischen all den Restaurantflops am Campo de' Fiori ist Ditirambo die erfreuliche Überraschung. Ein Song zu Ehren des Gottes Dionysos inspirierte die Gründer bei der Namensgebung: Dado, den Weinhändler, die Antiquitätenhändlerin Beatrice, den Marketingmanager Luca und Marco, den Schauspieler. Für das kleine Lokal empfehlen wir vorzubuchen, denn die kreative italienische *cucina* begeistert viele Römer. Hier kennt man die Herkunft jeder Zutat. Die Küche versteht sich auf hausgemachte Pasta mit schmackhaften, fantasievollen Saucen etwa aus Kastanien oder Zucchiniblüten. Auch für Vegetarier steht eine Palette köstlicher Speisen zur Wahl, angefangen von gefüllten Radicchio-Päckchen bis hin zu Kürbisstrudel. Die Tarte tatin mit Schokoladensauce sowie *millefoglie* mit einer Zabaglione mit Muskataroma versprechen unter den Desserts veritable Schlemmerorgien.

ZUR FREUDE ALLER GLOBETROTTER

10 La Libreria del Viaggiatore

Via del Pellegrino 78

Die Regale in Bruno Boschinis bestens sortierter Reisebuchhandlung ächzen buchstäblich unter der Fülle der Publikationen über alle Kulturen aus den noch so entlegenen Winkeln der Welt. Der winzige Laden ist bis unter die Decke voll gepackt mit Reise- und kulinarischen Führern von Autoren jedes Kontinents. Unter den opulent illustrierten Bildbänden finden sich auch Titel über Rom mit Aquarellen von Boschinis talentierter amerikanischer Ehefrau Wendy Artin. Abgewetzte alte Lederkoffer und Globen unterstreichen romantisch die Weltenbummler-Atmosphäre des sympathischen Geschäftes. Gleich beim Eingang empfängt die Kunden eine große Abteilung für alte Karten und Drucke, kostbare Erstausgaben von Reiseschriftstellern wie Pierre Loti und Raritäten wie etwa ein Handbuch über die neapolitanische Zeichensprache. Die Hektik der Libreria lässt Bruno Boschini kaum noch Zeit, selbst zu reisen, aber dennoch vermag er den unerschrockenen Abenteurern ebenso wie den Lehnstuhlreisenden den richtigen Rat für die Lektüre über ihr Traumland zu geben.

HIP-TREFF

11 NuYorica

Piazza Pollarola 36–37

Wer auf Stil setzt, mag in diesem raffiniert designten Shop in einen wahren Kaufrausch verfallen, denn in Acrylschaukästen sind hier kunstvoll schwindelerregend hochhackige Pumps, Fransentaschen und leuchtende Plastiksandalen dekoriert. Keine der Lieblingsmarken junger Frauen, ob nun Marc Jacobs oder Sigerson Morrison, lässt das Sortiment vermissen. Daneben hängen auf einigen Kleiderstangen eine handverlesene Auswahl von Marken wie Chloe, Pucci und die fabelhafte römische Modemarke Capucci, der der Designer Maurizio Galante jüngst wieder neues Leben einhauchte. Der Shop erhielt seinen Namen nach der NuYorica-CD der Gruppe Masters at Work – ohnehin sorgt funky Hintergrundmusik zusammen mit den bequemen Sofas für eine trendige Clubatmosphäre. Nicht förmlich-steif, sondern freundlich und persönlich bedient man hier die Kunden, mit denen sich Besitzer Cristiano Giovagnoli vielfach sogar duzt.

SCHUHMODE MIT SPASS

12 Loco

Via dei Baullari 22

Dieser Schuhshop ist »die« Location für alle, die ihren Füßen Charakter verleihen wollen. Jenseits aller modischen Trends verkauft Loco eine breite Auswahl an Damen- und Herrenschuhen in unkonventionellen Formen und ebenso ungewöhnlicher Verarbeitung. Sei es eine Art Bowlingschuh im Stil der 1950er oder ein barock mit Strass besetzter Stiletto – jede Kreation sprüht vor Individualität und Lebensfreude. Loco ist jener Typ von Geschäft, in dem sich die Stammkunden einfinden, um eine spontane Laune zu befriedigen oder den Schuh für einen besonderen Anlass zu suchen. Geführt von einer TV-Ausstatterin und deren Schwester, widersetzt sich Loco aller Markenlangeweile. So ergänzen das Sortiment Sonnenbrillen von Bis & Curious sowie der Modeschmuck des römischen Duos Iosselliani. Auch die Entwürfe für die bronzefarbenen Regale und gedrehten Hängelampen stammen von diesen Designern, die ihre ganze Handwerkskunst darauf verwendeten, dem Raum eine schimmernde, skulpturale Dimension zu verleihen. Als Architekten lieferten Prater & Rossi den fundamentalen Rahmen.

DAUERFAVORIT

13 La Vineria Reggio

156

TEMPEL DER WEINGENÜSSE

14 Al Bric

143

SURREALE BRILLEN

15 Modello Ottica

Via del Pellegrino 97–98

Die Kombination von Rosaria Modellos exzentrischem Geschmack und ihrer unbändigen Lust, neue Formen für Brillengestelle zu erfinden, ließen diese Boutique zu einem Kultort werden, und zwar in einem solchen Ausmaß, dass man die Fans bereits als *Modelliani* titulierte. Schon auf der Straße erkennt man die Brillen an ihren geometrischen, extravaganten Formen in betörenden Farben. Rosaria Modello begreift jedes Gesicht als »ein Werk der Kunst«, das daher einen sorgsam gestalteten »Rahmen« verdient. Sie verkauft nicht die großen Namen, sondern konzentriert sich auf kleinere Hersteller wie die deutsche Marke grotesque|frame, La Font aus Paris und das eine oder andere Gestell von Cutler und Gross. Die Inneneinrichtung des Geschäfts spiegelt in ihrer Eleganz den Stil der Brillengestelle. Wellenförmige Regale unterstreichen durch ihre Hintergrundbeleuchtung die Wirkung der ausgestellten Sonnenbrillen ebenso wie die Blumenarrangements von Il Giardino Segreto. Eines der Schaufenster ist Installationen zeitgenössischer Kunst vorbehalten, denn jeden Monat erhalten Künstler wie Anna Romanello, Marco Petrella oder Salvatore Pupillo die Möglichkeit, ihre kreativen Ideen zu einem Thema umzusetzen und dafür das Brillensortiment als Dekoobjekte zu nutzen.

DESIGN MEETS KUNST

16 Iron icon

Via di Monserrato 35

Iron icon teilt sich die Ladenfläche mit Ilaria Miani (S. 162) – und firmiert als Galerie und Verkaufsagentur für drei römische Künstler und Designer: Stefano Antonelli, Alfredo Valente und Tommaso Ziffer. In internationalen Architektur- und Designkreisen ist Ziffer der bekannteste, vor allem durch das zusammen mit Olga Polizzi entworfene 1940er-Jahre-Interiordesign des Hotel de Russie und die eklektische Ausstattung der Casa Howard (S. 122). Stefano Antonellis vom Art déco beeinflusste Medusen-Lampen kontrastieren zu Alfredo Valentes monumentalen Kreideskulpturen, die an Statuen der Antike erinnern. Ihre entspannte Atmosphäre verdankt die Galerie dem Dramenautor und Schauspieler Roberto Agostini, der ihr als Manager seine gesamte Freizeit widmet und fundierte Erklärungen zu allen zum Verkauf stehenden Stücken gibt.

Pierluigi

MOBILIAR MIT LÄNDLICHER NOTE

17 Ilaria Miani

162

FISCH-FANTASIEN

18 Hosteria del Pesce

Via di Monserrato 32

Erst vor kurzem eröffnet, aber im Handumdrehen als Dinnerspot einer eleganten und wohlhabenden Klientel aus der Nachbarschaft des Campo de' Fiori etabliert, gilt die Hosteria del Pesce als ein Mekka der mediterranen Fischküche. Früher verdienten sich die Besitzer Johnny und Giuliano Micalusi ihr Leben als Fischer. Entsprechend kenntnisreich tätigen sie ihre Einkäufe von Fisch und Meeresfrüchten auf dem nahen Terracina-Markt, wo erstklassige Ware fangfrisch gehandelt wird. Gleich am Eingang des Restaurants liegen die Hummer, Muscheln, Riesengarnelen, die silbrig schimmernden Seebrassen zu einer wahrhaft kulinarischen »Installation« auf Eis arrangiert. Sie wählen den Fisch, und Küchenchef Franco wird ihn nach Ihrem Geschmack zubereiten. Die Vorspeisen verheißen bereits ein außergewöhnliches Niveau, etwa Kabeljau mit Kartoffeln, Venusmuscheln und Carpaccio von Riesengarnelen oder der Oktopus im Schmortopf. Als Hauptgerichte lassen Hummer nach katalanischer Art, Schnapperfisch vom Grill und Seebrasse in der Salzkruste gebacken die Gourmetgaumen jubeln.

EINE FESTE ADRESSE

19 Pierluigi

Piazza dei Ricci 144

Pierluigi war der Name der Familie, die das Lokal von 1938 bis 1980 führte. Es war eine wunderbare römische *hosteria* vom alten Schlag, wo der Besitzer oft auch der Koch ist. Bis Roberto Lisi und seine Frau Pina das Restaurant kauften und es um mehrere Räume und ein großes Kellergewölbe erweiterten. Pierluigi zog bald eine beachtliche Stammkundschaft von Leuten aus der Nachbarschaft, Politikern und einigen VIPs an. Wer regelmäßig hierher kommt, bestellt vertrauensvoll »das Übliche«, was ein warmer Hummersalat, duftende Tagliatelle mit einer Sauce aus Zucchiniblüten oder fein geschnittenes Rindfleisch mit Rukola sein könnte. Pierluigi bewirtet seine Gäste direkt gegenüber dem Palazzo Ricci. Dieses gut erhaltene Gebäude aus dem 16. Jh. war einst im Besitz der Familie Ricci. Nicht nur seine bemalte Fassade sorgte für Aufsehen, sondern auch eine ehemalige Bewohnerin, Constanza Farnese, der man eine inzestuöse Beziehung zu ihrem Vater, Papst Paul III., nachsagte.

OPULENTER STIL

20 Fabio Salini

Via di Monserrato 18

Tresorräume einer Bank mit dicken Schutzmauern und eine geheimnisvolle Atmosphäre gaben Fabio Salini die Idee für sein Atelier, das der Schmuckdesigner mit Unterstützung des Architekten Massimo d'Alessandro selbst gestaltete. Im Innern erstaunen opulente Holzarbeiten und Mobiliar im Stil des Art déco, silberne Blattornamente an den Wänden und weiße Lederliegen neben den Schaukästen, die seine kostbaren Colliers und Armbänder in Szene setzen. Nichts ist dieser weltmännisch-leichtlebigen Designerpersönlichkeit zu üppig. Nach »Lehrjahren« bei Cartier in Paris kehrte Salini zurück nach Italien, um seine Kreativität bei Bulgari auszuleben, ehe er eine eigene Kollektion begründete. Regelmäßig widmet ihm *Vogue Gioiello* (die italienische Schmuck-Vogue) ein Feature, und nicht weniger erregen seine Kreationen Aufsehen auf den Alta-Moda-Schauen in Rom. Zu den Klassikern aus seinem Atelier zählen die dicht mit Brillanten besetzten Jade-»Kropfbänder«, hinreißend schöne Ohrgehänge aus Rubinen, Saphiren und Smaragden ebenso wie die Armbänder aus Halbedelsteinen. Königin Rania von Jordanien ist eine große Verehrerin seiner feinen Silberarbeiten und der großzügigen Verarbeitung von Edelsteinen in seinen Preziosen.

FUN AND FUNKY

21 Sisters

Via dei Banchi Vecchi 143

Die Schwestern Eleonora, Emanuela und Veronica Nobile Mino – zwei von ihnen Kunsthistorikerinnen, die jüngste eine Spezialistin für Inneneinrichtung – riefen hier einen Designshop mit Galerie ins Leben, der für jeden, der ein Interesse an zeitgenössischer italienischer Kunst, verrückten dekorativen Lampen, Tischen und Spiegeln hegt, ein absolutes Muss ist. »Unser Vater ist ein Sammler, und wir wuchsen in seiner Villa umgeben von Büsten, Antiquitäten und anderen exzentrischen Altertümern auf«, erklärt Eleonora. Skurrile Stühle aus den 1950ern, die sie auf den verschiedensten Flohmärkten in ganz Italien zusammenkaufen, stehen neben Designerlampen von Angela Ardisson, während sich die Effekte skulpturaler schmiedeeiserner Lampen mit ausgestopften Vögeln in großen alten Spiegeln vervielfachen. Alle paar Monate veranstalten »Sisters in Art« zur Förderung der Gegenwartskunst Ausstellungen in ihrem Shop. Unter den jungen künstlerischen Aufsteigern waren auch Giorgio Sabbatini, Daniela Perego und Michele de Andreis.

STAMMKNEIPE UM DIE ECKE

22 Il Goccetto

Via dei Banchi Vecchi 14

Ladenbesitzer, Gastronomen oder Bohemiens – wer rund um den Campo de' Fiori arbeitet und lebt, kühlt bei Sergio Ceccarelli seine Kehle. An lauen Sommerabenden drängen die Gäste hinaus auf die schmale Straße; einen Fuß lässig auf einer Vespa abgestellt, balancieren sie vergnüglich ihr Glas Wein. Kühl und dunkel wirkt das unter Denkmalschutz stehende Gebäude im Innern, wo alte Fresken die Decken überziehen. Behaglich mit rustikalen Stühlen und Tischen eingerichtet, ist Il Goccetto ein ruhiger Ort für einen *aperitivo*. Sergio war einer der Wegbereiter der *Enoteca*-Bewegung, die Roms Trinkgewohnheiten geradezu revolutionierte. Auch daher gibt er sein umfassendes Wissen gerne an verblüffte Gäste weiter. Er serviert 20 verschiedene offene Weine, darunter auch Proseccos und Champagner, die Regale allerdings füllen Hunderte sorgfältigst ausgewählter Flaschen vor allem kleinerer Winzer. Dazu tischt er italienische und französische Käse, Salate und Fleisch von dem bekannten toskanischen Metzger Faroni flink am Marmortresen auf.

BED & BREAKFAST DER GEHOBENEN KLASSE

23 Relais Banchi Vecchi

124

VERLOCKENDE KÖSTLICHKEITEN

24 Boccon Divino

Vicolo del Pavone 2

Verborgen gelegen zwischen dem Palazzo Sforza-Cesarini und dem Hotel Relais Banchi Vecchi (S. 124), darf das Boccon Divino nicht mit dem gleichnamigen Restaurant am Campo Marzio (S. 24) verwechselt werden. Es zählt zu den ganz wenigen Lokalen in Rom, die ein festes Menü anbieten: für etwa 25 Euro zum Dinner ein vorzügliches Dreigängemenü mit einer Karaffe Wein. Nun der kleine Wermutstropfen: Aufgrund seiner Popularität bei einer jungen und hippen Klientel muss Boccon Divino bis zu drei »Schichten« von Gästen in einen Abend hineinzwängen. Fischpastete, Fleischklößchen vom Kalb in Tomatensauce und Papardelle mit Wildschwein gehören zur Auswahl traditioneller und dennoch modern nuancierter Gerichte. Der Service wird gelegentlich chaotisch, vor allem wenn Besteck fehlt. Darüber hinaus ist das Dekor nicht gerade der letzte Schrei. Aber diese Mankos sind in der gemütlichen und freundlichen Atmosphäre gerne verziehen.

BADENIXE

25 Laura Urbinati

Via dei Banchi Vecchi 50a

Laura Urbinati darf als die Königin der Bikinimode gelten. Setzen Sie Ihren Fuß in das kleine weiße Geviert ihrer Boutique, und ein Rausch schriller grüner Modelle, anderer in schockierenden Pinks und weichen dunklen Lilatönen wird Ihre Sinne betören. Urbinatis Bademode erlangte bereits vor Jahren den Status von Sammlerobjekten, sodass ihre Verehrerinnen die Neuigkeiten über die Eröffnung einer zweiten Boutique der in Mailand ansässigen Designerin begeistert feierten. Kaftane der Marke Attik Battik, Lederflipflops und bestickte, hauchdünne Hängekleidchen für den Sundowner dürfen in der Liste der Essentials einer italienischen Strandschönheit keinesfalls fehlen.

ITALIENISCHE KLASSIKER

26 Lo Scrittorio XXth Century Design

Via dei Coronari 102–103

Bedenkt man einmal, wie viele Einrichtungsgeschäfte sich jüngst so gut wie alle amerikanischen und europäischen Designklassiker aus der Mitte des 20. Jhs. ins Sortiment geholt haben, dann gleicht ein Besuch bei XXth Century Design einem wahren Genuss. Denn hier entdeckt man eine mit sicherer Hand gewählte Selektion von italienischen Erzeugnissen der 1930er- bis 1960er-Jahre. Der Architekt Raniero Aulenti kombiniert Originale mit seinen eigenen Entwürfen, und zwar mit dem Ziel, »eine Verbindung zwischen den kreativen Werten des frühen Designs und der auf dem Fortschritt der Technik basierenden Produktqualität in den späteren Jahren der industriellen Fertigung« bewusst zu machen. Bei einem unserer letzten Besuche entdeckten wir zum Beispiel eine aus dem Jahr 1926 stammende Kopfbüste des Bildhauers Attilio Torresini (seine Werke stehen auch in der Galleria Nazionale d'Arte Moderna), Glaslampen der venezianischen Firma Mazzega und einige der bekannten, aus Fiberglas-Bändern bestehenden Ribbon Chairs (CL9) von Franca Stagi und Cesare Leonardi, die sie 1961 für Elco Bernini entworfen hatten.

GESCHLIFFENER SERVICE

27 L'Altro di Mastai

136

SISTER ACT

28 Il Bicchiere di Mastai

151

LE PERCOLE TORTE
1990

D&G
€ 130,00

Il Piccolo

BOUTIQUEN NONSTOP

29 Via del Governo Vecchio

- SBU (Strategic Business Unit)
  Via di San Pantaleo 68–69
- Josephine de Huertas, Via del Governo Vecchio 68
- Arsenale, Via del Governo Vecchio 64

Ehe »vintage« zum überstrapazierten Begriff avancierte, galt die Via del Governo Vecchio als Inbegriff der Secondhandshops (s. u. Vestiti Usati Cinzia). Über die letzten 20 Jahre aber hat sie sich zum Pflaster hipper Boutiquen gemausert. Auf der Suche nach perfekt geschnittenen Jeans werden Sie bei SBU fündig, in Patrizio und Cristiano Prefettis beliebtem Shop, dessen Ruhm vor allem auf einem Spezialdenim aus Japan und den USA beruht, der im Veneto das Finish, sprich den ultimativen Schnitt erhält. Ein paar Schritte weiter ist Josephine de Huertas' Boutique eine Schatztruhe voller Rüschenkleider, hauchdünner Blusen und sexy Stilettos. Bei Arsenale nebenan verkauft die Designerin Patrizia Pieroni in einem individualistischen Ambiente romantisch wallende Morgenmäntel, weiche Wollmäntel und gestrickte Schals.

TROUVAILLEN

30 Vestiti Usati Cinzia

Via del Governo Vecchio 45

Beinahe ihr ganzes Leben verkauft Cinzia Secondhandkleidung in dem winzigen Lädchen in der Via Pellegrino; erst in jüngerer Zeit kamen die größeren Räumlichkeiten in der Via del Governo Vecchio dazu. Die meisten der Kleider sammelt sie auf Flohmärkten zusammen – vor allem scheint sie ein Talent dafür zu haben, seltene Stücke aufzustöbern. In ihrem Geschäft finden sich in vorderster Front die beliebtesten Artikel wie Uniformjacken, Pelz- und Ledermäntel sowie Kleider à la Pucci, während hinten im Laden Modeträume wahr werden: Die Schränke quellen förmlich über mit 1970er-Chanel-Taschen, Mary-Quant-Sonnenbrillen aus den 1960ern und Plateauschuhen in Zebraimitat von Dolce & Gabbana.

FABELHAFTE IMITATIONEN

31 Tempi Moderni 1880–1980

Via del Governo Vecchio 108

Dieser süße Shop für Modeschmuck ist das Werk des in Panama geborenen Elias Chaluja und seines Partners Pierluigi La Sala. Über mehr als 30 Jahre hinweg haben die beiden amerikanischen Strassschmuck von Trifari, Boucher und Pennino ebenso wie einzigartige italienische Muranoglas-Ohrringe zusammengetragen. Einrichtungsartikel wie chinesische Paravents, Art-déco-Lampen und französische Gemälde des 19. und beginnenden 20. Jhs. komplettieren die nostalgische Mischung. In jüngster Zeit beschritt Elias neue Stilwege und kreierte futuristische Männerhemden.

DEKONSTRUIERTE KLEIDER

32 L'una e L'altra

164

HERRLICHE PIZZERIA

33 Da Baffetto

Via del Governo Vecchio 114

Machen Sie sich auf lange Schlangen gefasst, denn diese alteingesessene Pizzeria serviert herzhafte Gerichte zu vernünftigen Preisen. Die Kellner balancieren mit sechs oder sogar sieben Tellern gleichzeitig, während die *pizzaioli*, die Pizzabäcker, in Windeseile kneten, Pizzas formen und in den Holzofen schieben. Baffettos Pizzas sind legendär, ihr dünner, knuspriger Boden mit Garnituren wie *marinara* (mit Anchovis), *funghi* (Champignons) und *capricciosa* (Artischocken, Schinken und Ei) belegt. Dieses Lokal ist tagaus, tagein ein Lieblingstreff von Schauspielern und anderen Promis, deren Fotos mit Chef Baffetto – sein Schnauzbart ist unverkennbar – die Wände tapezieren.

COOLE LOCATION

34 Bar del Fico

155

SCHÖNHEITSPARADE

35 Bar della Pace

151

BEHAGLICHES AMBIENTE

36 Enoteca Il Piccolo

Via del Governo Vecchio 74–75

Unter den »Neuzugängen« in der Barszene der Via del Governo Vecchio sticht die Enoteca sofort heraus, denn hier kennt man keine Allüren. Hinzu kommt, dass trotz winziger Räumlichkeiten eine exzellente Weinkarte überrascht. Untergebracht in einem Gebäude des 16. Jhs. und eingerichtet mit ein paar derben Tischen und Stühlen, lebt Il Piccolo primär von einem treuen Kundenstamm, der Giancarlo Davolis Auswahl bester italienischer Provenienzen zu schätzen weiß. Mittags bietet die Küche eine einfache Karte mit Schinken und Sandwiches für die Arbeiter in der Gegend. Probieren Sie als *aperitivo* unbedingt Mirtillino, Heidelbeerwein, mit dem Löffel für die Beeren.

BRAMANTE IN PERFEKTION

37 Kreuzgang Santa Maria della Pace

Vicolo del Arco della Pace 5

Der von 1500 bis 1504 errichtete Kreuzgang neben dem theatralischen Renaissance-Barockbau von Santa Maria della Pace war Donato Bramantes erstes Werk in Rom. Staunen wecken hier die doppelstöckige Arkadenreihe und Proportionen der Bogenläufe, durch die Bramante ein effektvolles Spiel von Licht und Schatten kreierte. In diesem Schmuckkästchen der Architektur finden in den Sommermonaten Barockkonzerte und Kammermusikdarbietungen ebenso wie größere Kunstausstellungen statt.

BLUMIGE SCHÖNHEIT

38 Bloom

156

ALTEINGESESSENE ENOTECA

39 Cul de Sac

138

LOFTIG

40 Magazzini Associati

165

GROSSARTIGE SZENERIE

41 Piazza Navona

Die Piazza Navona vermittelt bis heute einen Eindruck der Pracht Roms im 17. Jh. Weitestgehend wurde sie im Auftrag des aus der Familie Pamphilj stammenden Papstes Innozenz X. (1644–55) erbaut, der sich und seiner Macht ein Denkmal setzen wollte. Zunächst beauftragte er Rainaldi, später Borromini, um die überreich ausgeschmückte Kirche Sant'Agnese in Agone neben dem Palazzo Pamphilj zu errichten. Für die zentrale Fontana dei Quattro Fiumi aber wählte er Bernini. Werfen Sie am Nordende des Platzes von der Balustrade bei der Piazza de Tor Sanguigna einen Blick auf die Ruinen. Sie lassen das Bild der Piazza in römischer Zeit erahnen, als man das Areal für Wasserspiele wie die Inszenierung von Seeschlachten nutzte.

AMALFI UND KUNST

42 Santa Lucia

Largo Febo 13

Über mehr als 20 Jahre hielt Bartolo Cuomo Hof in der nahen Bar della Pace (S. 151). Sein neuer Wurf ist das Restaurant mit Bar Santa Lucia am bezaubernden Largo Febo. Eine romantische Terrasse, umrankt von Wein und lila blühenden Glyzinien, lädt zum Tafeln unter freiem Himmel ein. Innen erinnert das Dekor an die Häuser aus dem 17. Jh. in Cuomos Heimatstadt Ravallo: handbemalte Fliesen, Terrakottaböden und sanfte Ockertöne. An den Wänden hängen Werke aus Cuomos Kunstsammlung, Geschenke seiner Künstlerfreunde Mario Schifano, Sandro Chia und Francesco Clemente. Auch die Aromen der Gerichte lassen die Liebe zur Amalfi-Küste spüren: Büffelmozzarella, sonnenreife Tomaten und saftige Zitronen.

PRIVATSAMMLUNG

43 Palazzo Altemps

Piazza Sant'Appolinare 44

Wie an so vielen aristokratischen Familienresidenzen in Rom nagte auch am Palazzo Altemps (erbaut 1477) über Jahrhunderte der Zahn der Zeit. Heute Teil des Museo Nazionale Romano, wurde er 1997 wieder eröffnet und zeigt die Reste der ursprünglichen Kollektion griechischer und römischer Statuen. Nach wie vor beeindrucken einige Räume in ihren Dimensionen und ihrer Pracht, vor allem ein Salon mit einem Fresko aus dem 15. Jh. Es stellt dar, wie dem Hochzeitspaar Girolamo Riario und Caterina Sforza – sie heirateten 1477 – Geschenke überbracht werden.

RENAISSANCE DER KLASSIKER

44 Hostaria dell'Orso

139

DINNERLOUNGE

45 Supperclub

141

SPASS OHNE ENDE

46 La Maison

159

KLEIN, ABER OHO

47 Il Simposio

150

HEILMITTEL WIE ANNO DAZUMAL

48 L'Antica Erboristeria

Via di Torre Argentina 15

Bereits 1752 gegründet, kann sich die L'Antica Erboristeria die älteste Kräuterapotheke Europas nennen. Das urige Interieur – eine alte Balkendecke und Schränke aus Walnussholz voller getrockneter Kräuter – verleiht dem Geschäft seinen zeitlosen Charakter, obwohl es erst kürzlich zugunsten höherer Funktionalität erweitert wurde.

SOPRINTENDENZA
ARCHEOLOGICA DI ROMA
MUSEO
NAZIONALE
ROMANO
PALAZZO ALTEMPS

Trastevere
Ghetto
Campidoglio

MONTE GIANICOLO
TRASTEVERE
GHETTO
CAMPIDOGLIO
AVENTIN
Parco Gianicolense
Orto Botanico
Villa Farnesina
Palazzo Corsini
Largo di Porta San Pancrazio
Piazzale Aurelio
Villa Sciarra
Ponte Giuseppe Mazzini
Lungotevere Tebaldi
Lungotevere della Farnesina
Ponte Sisto
Lungotevere dei Vallati
Lungotevere Raffaello Sanzio
Piazza Trilussa
Piazza di Santa Maria in Trastevere
Piazza di San Calisto
Piazza di San Cosimato
Piazza Sidney Sonnino
Piazza Mastai
Piazza in Piscinula
Piazza dei Ponziani
Piazza di San Francesco d'Assisi
Piazza di Porta Portese
Piazza Bernardino da Feltre
Ponte Garibaldi
Lungotevere dei Cenci
Lungotevere degli Anguillara
Isola Tiberina
Ponte Palatino
Lungotevere Ripa
Porto di Ripa Grande
Ponte Sublicio
Largo Arenula
Piazza Benedetto Cairoli
Piazza Mattei
Piazza de' Cenci
Piazza Cinque Scole
Piazza di Campitelli
Piazza Margana
Piazza d'Aracoeli
Teatro di Marcello
Via L. Petroselli
Via G. Mameli
Via Goffredo Mameli
Via Dandolo
Viale Glorioso
Via Emilio Morosini
Viale di Trastevere
Viale delle Mura Portuensi
Via Portuense
Via Garibaldi
Via di Porta S. Pancrazio
Via Luciano Manara
Via della Lungaretta
Via della Lungara
0,5 Kilometer

Roms zweite Herzkammer ist Trastevere, das Viertel »jenseits des Tibers«. Dort liegen die fabelhaften Grünanlagen des Orto Botanico (S. 66), der Monte Gianicolo und die Villa Pamphilj. Die Kunstgalerien und Loftateliers der Künstler rund um das alte Gefängnis Le Mantellate ziehen ein unkonventionelles Szenepublikum an, während das Labyrinth der Gassen und die blätternden Fassaden nahe der Piazza Trilussa das Rom der Vergangenheit spüren lassen. Santa Maria in Trastevere wurde bekannt für ihre Mosaiken, die Cafés auf der Piazza aber verkörpern den neuen gastronomischen Trend. Wie so viele Stadtteile Roms hat Trastevere diese sympathische Mischung aus alteingesessenen Römern und wohlhabenden Newcomern. Wichtiges Zentrum des Viertels ist der Markt von San Cosimato, denn hier verbinden die Menschen ihren Einkauf frischer Produkte aus dem Umland auch gerne mit angenehmer Konversation.

Wer Unterhaltung sucht, wird in Trastevere fündig. Die vielen ausländischen Einwohner haben die Neueröffnung unzähliger Pubs und langweiliger Trattorien ausgelöst. Trotzdem existiert hier eine Reihe renommierter Lokale. Ferrara (S. 139) und Alberto Ciarla (S. 140) heimsen in den internationalen Gastrobibeln beste Noten ein. Außerdem werden einige traditionelle Pizzerien nie enttäuschen. Mitte Juli strömt die ganze Stadt in Trastevere zur abendlichen Festa de' Noantri zusammen, wenn die Straßen von Buden gesäumt und die Plätze mit Tischen und Bänken besetzt sind. »Noantri« heißt »wir« im Gegensatz zu »voiatri« – »die anderen Römer«. Damit wollte man früher den selbstbewussten Zusammenhalt der Gemeinde demonstrieren.

Das Ghetto jenseits des Tibers geht auf einen Erlass Papst Pauls IV. im Jahr 1555 zurück. Für die folgenden drei Jahrhunderte war der Lebensraum der Juden auf einen Wirrwarr dunkler Gassen und Plätze zwischen Tiber, Via Aurelia und dem Theater des Marcellus beschränkt. Nach der Einigung Italiens 1870 genossen sie eine Periode relativer Freiheit, ehe ihnen abermals die Verfolgung unter Mussolini und der Tod in den Konzentrationslagern der Nazis drohte. Das Ghetto besitzt heute dörflichen Charme. Die großen Wohnungen finden bei Diplomaten und Akademikern steigendes Interesse, sodass das Viertel mittlerweile zu einer der besten Adressen Roms zählt. Doch der frühere Gemeinschaftssinn lebt fort: Die alten Leute rücken sich gerne einen Stuhl vors Haus und plaudern mit Nachbarn, während die koscheren Restaurants der Via del Portico d'Ottavia die gastronomischen Vorzüge jüdisch-römischer Küche beweisen. Erlesene Kultur entdeckt man weiter östlich am Campidoglio, auf dem Kapitolhügel (S. 77), vor allem in Museen und archäologischen Stätten, die die Geschichte der Ewigen Stadt glanzvoll beleuchten.

RENAISSANCEVILLA

1 Villa Farnesina

Via della Lungara 230

Spaziert man die geschäftige Via della Lungara entlang, so gelangt man zu einem von Efeu überwachsenen Portal, das sich zum Parkgelände der Villa Farnesina öffnet. Sie war die Residenz des im 16. Jh. berühmten Bankiers und Kunstmäzens Agostino Chigi. Errichtet von Baldassare Peruzzi zwischen 1506 und 1510, birgt die Villa außergewöhnliche Fresken von Raffael und Peruzzi. In der Loggia von Amor und Psyche leuchten Früchte und Blüten von der Decke, während Raffael für den »Triumph der Galatea« Delphine vor den Muschelwagen der Nymphe spannt. Agostino Chigi, so heißt es, soll gestattet haben, dass Raffaels Geliebte, La Fornanina, dort lebte. Er dachte, dies könnte die Arbeit des Meisters beschleunigen. Heute ist die Villa Sitz der Accademia dei Lincei, eines der anspruchsvollsten Lehrinstitute; auch ihre Abteilung für Malerei und Druck ist hier untergebracht.

GRÜNE OASE

2 Orto Botanico

Largo Cristina di Svezia 24

Der Orto Botanico passt hervorragend zu Trastevere, denn immer schon war das Viertel eines der grünsten in Rom. Auch Straßennamen wie Orti (Gärten) della Farnesina und Via delle Fratte (Büsche) de Trastevere belegen dies. Die wunderbar gepflegten Gärten am Fuß des Monte Gianicolo sind ein botanischer Traum voller graziler Palmen und imposanter Gewächshäuser für eine Vielfalt von Sukkulenten und Kakteen. Hügelaufwärts duften in einem Rosengarten die während der Barockzeit beliebtesten Rosensorten. Kinder fühlen sich immer vom zentralen Brunnen angezogen, Liebespaare folgen den Zickzackwegen des schattigen Bambuswaldes, und die ernsthaften Botanikenthusiasten orten mithilfe guter Führer rare Spezies unter den Medizinpflanzen. Da der Eintritt nicht kostenlos ist, bewahrt der botanische Garten seinen Charme als ein stiller Ort der Muße inmitten des zeitweilig von Touristen überrannten Trastevere.

MODERNE KLASSIKER

3 Antico Arco

136

R. XIII
TRASTEVERE

PASTICCERIA
Valzani
Specialita
DOLCIARIE ROMANE

PONTE
SISTO

ENGLAND IN ROM

4 Galleria Lorcan O'Neill

Via degli Orti d'Alibert 1e

Lorcan O'Neill engagiert sich als Förderer der Kunst ebenso sehr wie als Händler. Vor nicht allzu langer Zeit verließ er London, um in Trastevere seine eigene Galerie zu eröffnen. Die großzügigen Räumlichkeiten liegen im Erdgeschoss umgebauter alter Stallungen neben »The Film Studio«, einem der ältesten Programmkinos der Stadt und Lieblingsort des Filmvolkes während der 1960er. O'Neill glaubt, dass gegenwärtig die Zeit für Kunst in Rom gut ist. »Während der letzten Jahre erlangte italienische Kunst viel Aufmerksamkeit«, erklärt er, vor allem seit dem Entstehen der neuen Zentren der Kunst: MAXXI und Macro (S. 41). Die Galerie präsentierte dem Publikum nicht nur Italiener wie Luigi Ontani, sondern auch internationale Namen: Kiki Smith, Jeff Wall und Tracey Emin stellte O'Neill mit der einen oder anderen Aufsehen erregenden Party in Roms Kunstkreisen vor.

TALENTSUCHE

5 Galleria Sales

Via San Francesco di Sales 16a

Als Massimo Minini und Morbert Ruggeri 1994 ihre Galerie zeitgenössischer Kunst eröffneten, waren sie unter den Ersten. Heute weht Sales der Wind der Konkurrenz aus den Reihen von Lorcan O'Neill und Roma Roma Roma entgegen. Trotzdem ist diese Galerie am Fuß des Monte Gianicolo die Topadresse auf der Suche nach viel versprechenden Talenten aus den USA, Großbritannien und Italien selbst. Jane und Louise Wilson sowie Wolfgang Tillmann zierten erst jüngst die Wände, wobei Sales auch »ältere« Meister präsentiert, etwa Alighiero Boetti und Yves Klein.

SCHNEIDERTALENTE

6 Scala Quattordici

173

SÜSSER ZAHN

7 Valzani

Via del Moro 37b

Inzwischen weit in ihren Achtzigern, führt Virginia Valzani ihr Spezialgeschäft römischer Patisserie seit ihrem 14. Lebensjahr – und zeigt keine Anzeichen von Müdigkeit. Es ist nun ihr Sohn, der im *laboratorio* bäckt und verziert, aber die Signora hält im Laden Hof, erzählt wieder und wieder heitere Anekdoten über die Essgewohnheiten in alten Zeiten und heute. Dass zwei ihrer Spezialitäten, nämlich *torrone romano* (eine Variante der traditionellen italienischen Weihnachtssüßigkeit aus getrocknetem Nugat) und *maritozzo* (eine Art Brot gefüllt mit Schlagsahne) phallische Form haben, erklärt sie damit, dass sie in der Antike ursprünglich als Gebäck für Hochzeiten gefertigt wurden. Viele ihrer Kuchen enthalten Zutaten wie Honig und getrocknete Früchte, die schon Plinius d. Ä. im 1. Jh. erwähnte. Die Renner der Gegenwart sind *diavoletti*, Schokoladenpralinen, aromatisiert mit Chili, dunkle Sachertorte und der berühmte Nana-Kuchen: Schoko-Semifreddo mit einer Haube Schlagsahne, der für die Olympischen Spiele 1960 kreiert wurde.

TRASTEVERES BESTE

8 Enoteca Ferrara

139

SÜNDIGES SCHLEMMEN

9 Vizi Capitali

Vicolo della Renella 94

In Trastevere eine Straße ohne Touristenrestaurant, ohne Pub im englischen Stil oder eine langweilige Boutique zu finden, ist hart. Umso mehr verdient ein kleines, gutes Lokal Beachtung. Benannt nach den sieben Todsünden, kocht Vizi Capitali für ein junges internationales Publikum ebenso wie für die anspruchsvolleren Esser in Trastevere. Die Einrichtung wirkt sehr zurückhaltend und rustikal, als Highlight erwähnenswert: die sieben Gemälde der Todsünden. Das Thema setzt sich auf der Speisekarte fort. Einige Gerichte heißen nach den Charakteren in Dantes »Inferno«, doch sind sie eher göttlich denn gruselig zu nennen. Die Besitzer Catalina Croitorou und Marco Scandola gehören zu den Anhängern des Slow-Food-Movement, was sich in ihrer einfallsreichen Karte regionaler Spezialitäten spiegelt: ein Melonencarpaccio mit Schinken, Ricotta mit Rukolasalat, Spaghetti mit Langustinos oder Zucchiniblüten in einer Limonensauce. Die ansprechende Weinkarte verantwortet Küchenchef Giovanni Lucchetti, der in den Weinen die perfekte Untermalung für die Aromen seiner Speisen sucht.

DAS LEBEN DER STRASSE

10 Bar San Calisto

157

TEE UND BÜCHER

11 Bibli

Via dei Fienaroli 28

Mit seinen hohen Decken, den voll gepackten Bücherborden und geräumigen Lesezonen ist Bibli eine unerwartete Entdeckung am Ende einer engen Seitenstraße. In der Buchhandlung warten mehr als 30 000 Bücher auf ihre Käufer, darunter eine beachtliche Zahl ausländischer Publikationen. Außerdem fungiert sie als multikultureller Veranstaltungsort für Literaturlesungen, Livemusik, Filme und Diskussionen. Schriftsteller und Filmregisseure stellen hier regelmäßig ihre aktuellen Werke einem immer interessierten Publikum vor. Bibli lockt außerdem die wachsende Web-Gemeinde, die sich mit Freuden in den bequemen Stühlen vor den zahlreichen Computern niederlässt, um einige Stunden in einem freundlichen Ambiente zu chatten oder, oder, oder. Der Sonntagsbrunch im Restaurant erfreut sich großer Popularität, ähnlich der Nachmittagstee auf der Terrasse.

EXZENTRISCHES AMBIENTE

12 Alberto Ciarla

140

PARADIES FÜR SCHNÄPPCHENJÄGER

13 Porta Portese

Porta Portese, Viale di Trastevere

Wer genug hat von den schnieken Boutiquen im Centro Storico und echte Unikate sucht, mag ganz unerwartet an der Porta Portese Spaß haben. Aber gehen Sie früh auf diesen beliebten Flohmarkt, andernfalls könnte nichts Interessantes mehr zu entdecken sein. Jeden Sonntag von 6 bis 14 Uhr strömen die Scharen auf der Jagd nach Schnäppchen zur Porta Portese und winden sich entlang der Viale Trastevere zwischen den Ständen hindurch. Den Markt umgibt noch immer der Ruch des Illegalen, denn entstanden ist er im Zweiten Weltkrieg als Schwarzmarkt. In der so genannten »russischen Zone« gibt es den meisten Trödel zwischen Kleiderstangen mit Pelzmänteln, Ledertaschen und abgewetzten Koffern. Die »respektableren« Stände mit indischen Kleinmöbeln, italienischen Landhausantiquitäten, alten Spitzen und Leinen, Modeschmuck, Pflanzen, Fahrrädern und sogar Haustieren finden sich nahe der Piazza Ippolito Nievo. Ein Stück weiter auf der Viale di Trastevere feilschen die Händler für Billigkleidung. Die erfahrenen Besucher des Porta-Portese-Marktes haben das Stöbern zur Kunst kultiviert, und auch das Handeln. Nehmen Sie sich also Zeit ...

SOUNDKULTUR

14 Suite im Ripa Hotel

Via degli Orti di Trastevere 1

Der Suite Club des Ripa Hotel besitzt einen höchst individualistischen Charakter. Wie das Hotel trägt er die markante Handschrift des angloitalienischen Designteams King & Roselli: progressiv zeitgenössisch. Alle Ruhe verfliegt mit Einbruch der Dunkelheit, wenn »Professore« Pierandrea, einer der beliebtesten DJs der Stadt und künstlerischer Direktor des Clubs, das Zepter übernimmt. Mittwochs legt er für die Rhythm&Blues-Fans auf, am Donnerstag ist Gay-Disconacht, und an den Samstagen wummert der Sound von House und Electro durch den Club. Pierandrea hat regelmäßig DJs der internationalen Szene, aber auch andere römische DJs wie Flavia Lazzarini und Nino Scarico, um nur zwei der bekanntesten zu nennen, zu Gast. Damit garantiert er sieben Tage in der Woche Fun und erstklassiges Musikentertainment in einem prickelnden Ambiente.

ULTRAMODERN

15 Ripa Hotel

126

SHOWTIME

16 Roma Roma Roma

Via dell'Arco dei Tolomei 2

Die Szene der hochrangigen Galerien zeitgenössischer Kunst gewann mit der Eröffnung von Roma Roma Roma neue Impulse. Die Galerie geht auf eine Idee des New Yorker Galeristen Gavin Brown, von Tony Webster, dem Direktor des Modern Institute of Glasgow, und des Turiner Kunsthändlers Franco Nero zurück. Ihre Zusammenarbeit ermöglichte das Entstehen eines Kunstraums, dessen moderne Gestaltung in der engen mittelalterlichen Gasse sofort ins Auge springt. Dass ein so hochkarätiges Team von Kunstspezialisten in Rom eine Galerie eröffnete, beweist ferner, dass die italienische Kapitale sich zu einem Hotspot der zeitgenössischen Kunst entwickelt und Nachwuchskünstler aus aller Welt anzieht. Gruppenausstellungen zeigten jüngst die Arbeiten von Robert Mapplethorpe, Martin Creed und der Italiener Francesco Vezzoli und Bruna Esposito in den lichten Räumen, für einige Ausstellungen wurden auch die Gartenanlagen genutzt.

RESTAURANT MIT AUSBLICK

17 Sora Lella

143

KOSHER
כשר
HOME MADE PASTA
SOLO PASTA FATTA IN CASA
JEWISH ARTICHOKE
– CARCIOFO ALLA GIUDIA
– TORTINO DI ALICIOTTI ED
– CONCIA DI ZUCCHINE INDIVIA
– FRITTO DI FIORE DI ZUCCA CON LA CERNIA FRESCA
– PUNTARELLE IN SALSA DI ALICI
– FETTUCCINE AL SUGO DI STRACOTTO
– PAPPARDELLE CON FUNGHI PORCINI E CARNE SECCA
– TAGLIATELLE CON CERNIA E FIORI DI ZUCCA
– CARBONARA AL MODO NOSTRO
– BACCALÀ ALLA VECCHIA STORIA
– ABBACCHIO ALLA GIUDIA
– GOULASCH EBRAICO
– FRITTO DI CERVELLO D'ABBACCHIO CON CARCIOFI
– SUPPLÌ AL SUGO DI STRACOTTO
– CICORIA CON BOTTARGA
– MISTO DI DOLCI TRADIZIONALI EBRAICI
– THE CALDO CON FOGLIE D MENTA FRESCA
ETC

CUCINA
EBRAICA
ROMANESCA

HEILIGER ORT

18 La Sinagoga

Lungotevere dei Cenci

Schon von der alten Brücke, die die Isola Tiberina mit dem Ghetto verbindet, erhascht man einen ersten Blick auf die mächtige Synagoge. Ein Symbol der Befreiung nach drei Jahrhunderten der Unterdrückung, wurde der Marmorbau im Jahr 1904 eröffnet. Das Innere schmücken assyrische Säulen, vergoldete Friese und eine kupferfarbene Kuppel. Daneben sieht man Bogenreste aus Vorgängerbauten, die während der Zeit der Repressalien zerstört worden waren. Das kleine Museum im Obergeschoss bewahrt Wandbehänge, Lampen und eine Thora aus dem 15. Jh. Inmitten all der Pracht erinnert eine Tafel an den terroristischen Anschlag von 1982, bei dem eine Person starb und 40 verletzt wurden, eine weitere Tafel an den Abtransport von 2000 Juden 1943. Nur 15 von ihnen kehrten nach Rom zurück.

KOSCHERE SPEISEN

19 La Taverna del Ghetto

Via del Portico d'Ottavia 8

La Taverna empfängt seine Gäste in einem Palast aus dem 14. Jh. im Zentrum des Ghettos. Wie einst dient der Brunnen am Eingang dem Ritual des Händewaschens. Die Räume erinnern in ihrer Einrichtung an eine mittelalterliche Taverne: unverputzte Ziegelmauern sowie hie und da eine antike Säule. Die Auswahl der durchgängig koscheren Gerichte spiegelt die Bandbreite der römischen Küche: Anchovis-Endivien-Salat, frittierte Gemüse, *bottarga* (getrockneter Kabeljaurogen) mit Kirschtomaten, Rindseintopf jüdischer Art sowie ein Ricotta-Kirsch-Kuchen als Nachtisch. Als Getränke werden Pfefferminztee und koschere Weine angeboten.

UNTER DEM BOGEN

20 Giggetto

Via del Portico d'Ottavia 21a–22

Die Besitzer sind Katholiken, das Giggetto aber ist bekannt für eine Spezialität der jüdischen Küche: knusprige *carciofi alla giudia,* frittierte, flach gedrückte Artischocken in der Form eines Fächers oder einer Chrysantheme. Weitere Köstlichkeiten der Speisekarte sind Dinkelsuppe, gebratene Calamares, panierter Stockfisch und *pasta carbonara.* Besitzer Luigi Ceccarelli, alias Giggetto, eröffnete diese *hostaria* in den 1920er-Jahren, als er aus Hass gegen das faschistische Regime den Beruf eines Zugführers gegen eine Laufbahn in der Gastronomie eintauschte. Sohn Franco und Neffe Claudio sind in seine Fußstapfen getreten und führen das elegante Restaurant mit demselben Gespür für Gastlichkeit, welche dem Giggetto seine Reputation als Lokal für besondere Familienfeiern und außergewöhnliche Geschäftsessen eingetragen hat. Die Tische im Freien haben ein überaus romantisches Ambiente, denn sie stehen direkt unter dem Portico d'Ottavia, den Augustus zu Ehren seiner Schwester im Jahr 23 v. Chr. errichten ließ.

ÖSTERREICH MEETS AMERIKA

21 La Dolce Roma

Via del Portico d'Ottavia 20b

Zwischen all den koscheren Restaurants entlang der Via del Portico d'Ottavia wirkt La Dolce Roma fast wie ein Fremdkörper. Obwohl Stefano Ceccarelli aus einer Familie kommt, in der man die Tradition der jüdischen Küche pflegt (sein Vater ist der Besitzer des Giggetto nebenan), entschied er sich für eine Konditorei amerikanisch-österreichischen Stils. La Dolce Roma ist nicht viel mehr als eine Ladentheke und ein paar Tische, aber die lockeren Heidelbeermuffins, der Apfelkuchen, Wildbeeren-Joghurt-Käsekuchen und die himmlische dunkle Sachertorte sind Grund genug, immer wieder zu kommen. Stefano bäckt außerdem kräftiges Brot mit Sonnenblumenkernen bzw. aus Roggen- und Vollkornmehl.

VERGNÜGLICHES SPEISEN

22 Ristorante Vecchia Roma

Piazza di Campitelli 12

Das Vecchia Roma bietet alles, was ein Restaurant in Rom nur bieten kann: eine attraktive Lage an der Piazza Campitelli in unmittelbarer Nachbarschaft der schönen Kirche Santa Maria Campitelli und hervorragendes Essen. Eine Mahlzeit im Freien ist hier das Nonplusultra, denn kein Interieur kann sich mit der Schönheit des Platzensembles messen. Dennoch zeigen die Räume viel Stil: vergoldete Spiegel, Ölgemälde an den Wänden ... und das »Nebenzimmer« ist bevorzugte Location von Filmstars, die Ruhe und Privatheit suchen. Seit 1911 gibt es hier ein Restaurant, berühmt wurde es in Roms Prominentenkreisen allerdings erst mit Antonio und Giuseppe Palladini, die es 1973 übernahmen. Überzeugen Sie sich von der einzigartigen Küche und probieren Sie die Vorspeise mit Fisch und Meeresfrüchten, die Gnocchi mit Kirschtomaten und Pecorino oder den Heilbutt mit einer Brokkolisauce. Bei den Desserts locken *granite,* ein kaltes Meringe-Soufflee und Blätterteiggebäck mit Ricotta unter einer staubfeinen Lage von Bitterkakao.

PREISWERTE HAPPEN

23 Sora Margherita

Piazza Cinque Scole 30

Nur wer Bescheid weiß, wird Sora Margherita finden, denn hier gibt es kein Schild. Seit 1927 serviert dieses sympathische kleine Restaurant den Gästen aus Roms Arbeiterklasse preiswerte Tagesgerichte und ein Glas Velletri. Heute nehmen an den schlichten, mit Papiertischtüchern eingedeckten Tischen auch Studenten und gelegentlich durchaus ein Minister Platz. Nachdem Sora Margherita (*sora* bedeutet im römischen Dialekt so viel wie Frau) sich aus dem Betrieb zurückgezogen hat, ist das Restaurant unter neuer Leitung auch Freitag- und Samstagabend geöffnet. Abgesehen davon hat sich kaum etwas verändert. Jeden Morgen um sechs werden hundert frische Eier angeliefert, und Signora Gianna trifft ein, um frische Fettuccine, Agnolotti, Gnocchi und Maltagliati zuzubereiten. Die Köchin Lucia, die noch mit Margherita zusammengearbeitet hat, führt die Küche mit einem Augenmerk auf römischen Klassikern, etwa Kichererbsen- und Pastasuppe, Stockfisch in *guazzetto,* einer Sauce aus Tomaten, Pinienkernen und Rosinen, und langsam gekochten Kutteln. Zu ihren innovativen Kompositionen zählen Rigatoni mit Ricotta (anstatt des herkömmlichen Pecorino) und gemahlenem schwarzem Pfeffer sowie koschere Kalbswürste mit Polenta.

GÖTTLICHE TROPFEN

24 Bleve

Via di Santa Maria del Pianto 9a-11

Dies war ursprünglich Anacleto Bleves alte Weinbar mit -laden, ehe er die repräsentativeren neuen Räume (S. 152) bezog. Der auf Verkauf reduzierte Laden beweist mit seinem Sortiment nach wie vor Bleves Begeisterung für Wein. Italiens Spitzenproduzenten aus dem Piemont und der Toskana (der Sassicaia Cabernet ist unübertroffen) ebenso wie Latiums zunehmend bekannter werdende Marken Castel de Paolis und Casale del Giglio finden sich Seite an Seite mit ersten Qualitäten aus Australien, Südafrika, Kalifornien und Chile. Mit Stolz führt man ferner hochprozentige Alkoholika und Digestifs, darunter edlen Cognac, Armagnac und Grappa, sowie Aceto Balsamico di Modena. Und das Sortiment der Delikatessen in Gläsern – sizilianischer Thunfisch mit sonnengetrockneten Tomaten, gefüllte rote Paprikaschoten, Chutney von roten Zwiebeln und eine Pastete von schwarzen Trüffeln – hält auch ohne Extremausgaben zu Hause noch die Erinnerung an Italien lebendig.

KÜCHE ALTEN STILS

25 Ristorante il Pompiere

Via di Santa Maria dei Calderari 38

Wer gerne in einer ruhigen Umgebung speist, geht ins Il Pompiere, um dort schlichte römische Gerichte und einen aufmerksamen Service zu genießen. Unter Leitung der Familie Monteferri seit 1962 und benannt nach einem der Vorfahren, der Feuerwehrmann war, ist dieser Palast einer der stimmungsvollsten im Ghetto. Einst residierte hier die Kurtisane Beatrice Cenci. Die freskengeschmückten Räume bilden mit ihrer dunklen Holzvertäfelung und dem Ausblick über die hübsche Piazza Cinque Scole (das Restaurant liegt im obersten Stock des Palazzo) einen perfekten Rahmen für Geschäftsessen oder Familientreffen. Schon zum Auftakt eines Menüs überzeugen die vorzüglichen Suppen. Probieren Sie außerdem montags die Pasta mit Brokkoli, dienstags Pasta mit Bohnen, Gnocchi am Donnerstag und Pasta mit Kichererbsen freitags. Zu allem reicht man knuspriges Brot aus dem ganz in der Nähe gelegenen Städtchen Lariano. Sind Besitzer und Köche auch katholisch, so findet man auf der Karte dennoch interessante Spezialitäten der römisch-jüdischen Küche wie die knusprig frittierten Artischocken *carciofi alla giudia* oder panierten Stockfisch.

SCHINKEN UND WEIN

26 San Daniele

Piazza Mattei 16

Die erste Bar San Daniele liegt in der Stadt gleichen Namens in Friaul. Von Rom aus aber begann diese Kette edler Weinbars ihre Expansion über ganz Italien. Sie ist im Besitz eines Konsortiums von Produzenten und Bauern aus San Daniele, deren Ziel es ist, die Bekanntheit ihrer vorzüglichen milden Schinken, der prickelnden Weine und aromatischen Grappas zu steigern. Alle Weine der Karte stammen aus dem Gut der Familie Fantinel, die seit 1969 Weine wie Sant'Helena, Santa Caterina und Borgo Tesis produziert. Kosten Sie sie mit einem kalten Salat aus Schinken, Feigen und Ananas oder warmen *crostini* (geröstetes Brot) mit Schinken und Käse. Eingerichtet im Palazzo Mattei, liegt über der Bar das Flair einer illegalen Schenke, wo man zwischen Schränken aus dem 19. Jh. an derben Tischen sitzt und die feuerrote Schinkenschneidemaschine aus den 1950ern das Designobjekt Nummer eins ist. Auch die mittelalterliche Türe im Hintergrund des Raumes unterstreicht die geheimnisvolle Atmosphäre. Durch sie entkamen verfolgte Juden während des Zweiten Weltkriegs in die Geheimgänge des Ghettos.

Barone Rosso

Verduzzo

'La Taverna degli Amici'
'A Tormargana'
MINISTERO DELLA PUBB
L'OSTERIA ANGELINO
E DICHIARATA DI
PARTICOLARMENT
AI SENSI DELLA
1° GIU
DECRETO

BarTaruga

OLIO
EXTRA VERGINE
DI OLIVA

KALEIDOSKOP DER NACHT

27 Bar Taruga

Piazza Mattei

Mit ihrem exzentrischen Ambiente lockt die Bar Taruga eine Klientel des extravaganten Geschmacks. Üppige Sofas, rote Wände wie in einem Bordell, Glaslüster, Plastikblumen und Vorhangdraperien – man fühlt sich in ein schwülstiges Etablissement der 1970er-Jahre versetzt. Auf den zweiten Blick könnte es die Kulisse eines Fellini-Filmes sein, aber ab einem gewissen Zeitpunkt verschwimmen alle Analogien. Die Bar Taruga ist ein Magnet der Bargänger vorgerückter Stunden, wenn Jazzsänger und Kabarett die Gäste unterhalten. Einige Plätze im Freien bieten das Panorama des nächtlichen Lebens auf der Piazza Mattei und ihres wundervollen Brunnens mit den Schildkröten.

PULSIERENDE STIMMUNG

28 Le Bain

Via delle Botteghe Oscure 33

Loungebar, Club, Restaurant – drei in einem. Mit dieser Vielfalt übt Le Bain (im Besitz derselben Impresarios wie La Maison, S. 159) abends eine besondere Anziehungskraft auf jugendliche Partygänger aus, während sich zum Lunch und nachmittags hier Geschäftsleute ebenso wie Touristen wohl fühlen. Die ehemaligen Stallungen eines Palastes aus dem 16. Jh. stellen sich heute in einer gewagten Stilmelange dar: schäbig-schicke Schränke für die Getränke, bunte Beleuchtung von Jacopo Foggini und Kunst von Mark Kostabi und dem in Rom lebenden malaysischen Künstler H. H. Lim. Beginnen Sie Ihren Abend gegen 19 Uhr mit einem *aperitivo,* ehe Sie sich im Restaurant den Künsten von Vito Rossano anvertrauen. Seine Küche römischer Klassiker komplettieren frisches selbst gebackenes Brot und feinste Kuchen. Der Keller bietet Ihnen mehr als 650 Weine. Später am Abend unterhält der brasilianische Maestro Legalia mit Bossa nova und die Bar im Obergeschoss wird zur Disco, wo Roms angesagte DJs auflegen.

CHARMANT

29 La Taverna degli Amici

Piazza Margana 36–37

Ehe Sie die unzähligen Treppen zum Campidoglio erklimmen, sollten Sie sich eine kleine Pause auf der Piazza Margana gönnen, einem bezaubernden Platz zwischen herrlichen, grün überrankten Palazzi. An einer Ecke entdeckt man La Taverna degli Amici, auch sie verborgen unter einem grünen Blätterdach, doch eine Marmortafel verrät ihre Präsenz. Bei Sonnenschein ein entspanntes Essen an einem der Tische im Freien zu genießen ist ein Geschenk. Wahre römische Küche nennt Besitzer Mauro Volpi seine Auswahl an Speisen: *pasta amatriciana* (mit Tomaten und Pancetta), *spaghetti cacio e pepe* (mit Pecorino Romano und zerstoßenen Pfefferkörnern), saftige Steaks und zartestes gebratenes Milchlamm. Ein traumhaftes Ingwersorbet vollendet den kulinarischen Genuss.

CAPUT MUNDI

30 Campidoglio

Der schönste Weg auf den Campidoglio, den Kapitolshügel, führt von der Piazza d'Aracoeli über eine imposante lange Freitreppe. Auf dem Gipfel angelangt, überwältigt die unglaubliche Schönheit dieses großartigen Platzes voller Dramatik. Michelangelo, sein genialer Architekt, platzierte in der Mitte die Reiterstatue von Mark Aurel (heute eine Kopie), seitlich erhebt sich der Palazzo Senatorio, der Sitz der Stadtregierung. Gleichfalls nach Plänen Michelangelos entstand das Sternenmuster des Pflasters. Die Statuen von Kastor und Pollux am oberen Ende der Freitreppe sind gleichzeitig Begrüßungskomitee der Musei Capitolini im Palazzo Nuovo und Palazzo dei Conservatori. Ihre Sammlungen umfassen griechische und römische Skulpturen sowie Gemälde von Rubens, Caravaggio und Tizian. Im Hof liegen die Überreste der ionischen Kolossalstatue von Konstantin II. aus dem 4. Jh.

TERRASSENPANORAMA

31 Caffeteria Capitolina

Piazza Caffarelli 4

In nur wenigen Schritten erreicht man von den Musei Capitolini die Dachterrasse der Caffeteria Capitolina. Dort oben ist der Service langsam und das Essen überteuert, aber die Aussicht umwerfend schön. Genießen Sie also bei einer kleinen Erfrischung den Blick auf das Theater des Marcellus, das schimmernde Dach der Synagoge und auf Rom überhaupt.

ROMANTISCHE DINNERSTUNDEN

32 San Teodoro

137

Aventin
Testaccio
Ostiense

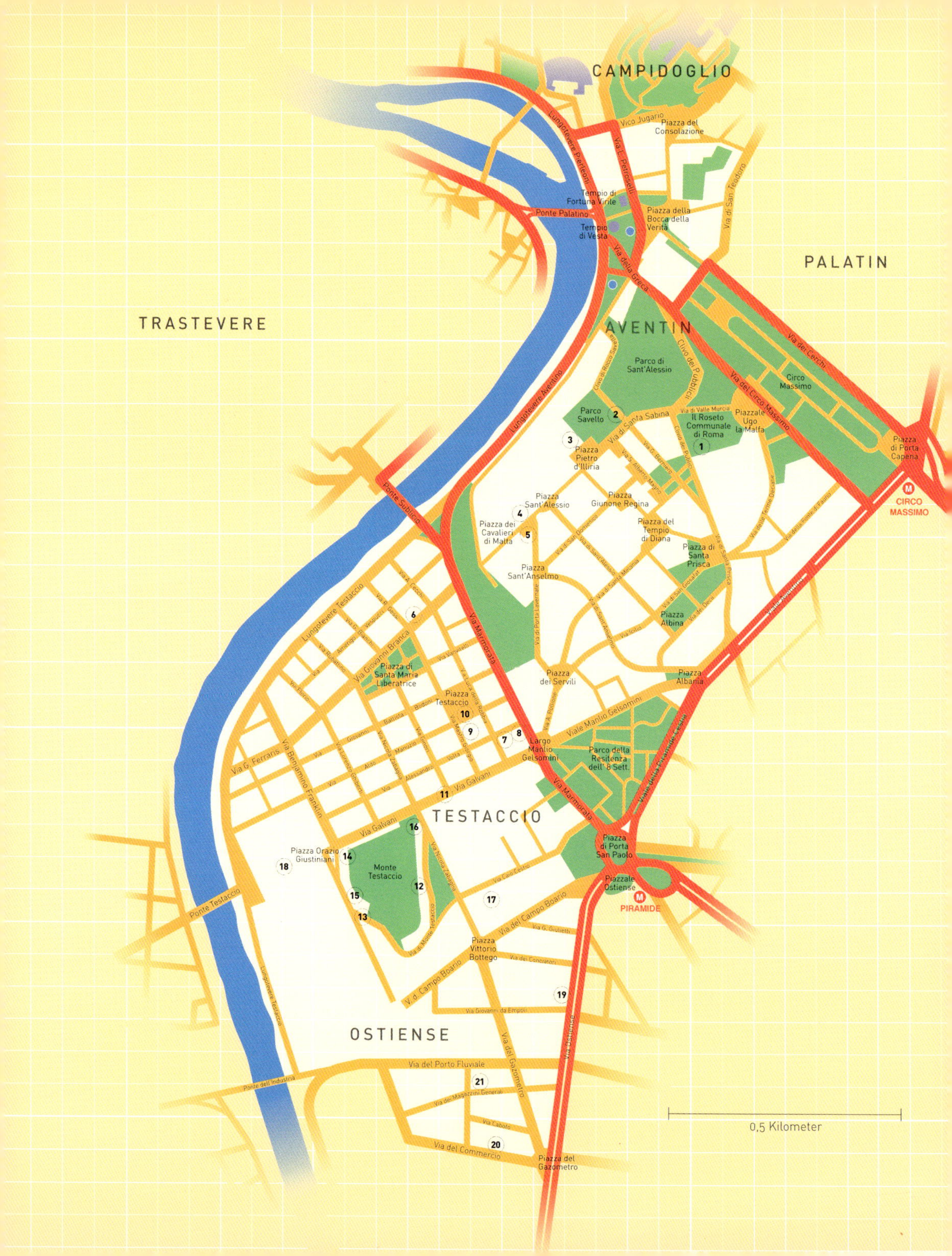
CAMPIDOGLIO
PALATIN
TRASTEVERE
AVENTIN
TESTACCIO
OSTIENSE
Vico Jugario
Piazza del Consolazione
Lungotevere Pierleoni
Via L. Petroselli
Via di San Teodoro
Tempio di Fortuna Virile
Ponte Palatino
Piazza della Bocca della Verità
Tempio di Vesta
Via della Greca
Lungotevere Aventino
Clivo dei Publicii
Parco di Sant'Alessio
Via dei Cerchi
Circo Massimo
Via del Circo Massimo
Parco Savello
Via di Santa Sabina
Via di Valle Murcia
Il Roseto Communale di Roma
Piazzale Ugo la Malfa
Piazza di Porta Capena
Piazza Pietro d'Illiria
CIRCO MASSIMO
Ponte Sublicio
Piazza Sant'Alessio
Piazza Giunone Regina
Piazza dei Cavalieri di Malta
Piazza del Tempio di Diana
Piazza di Santa Prisca
Piazza Sant'Anselmo
Lungotevere Testaccio
Via Marmorata
Piazza Albina
Via Giovanni Branca
Piazza di Santa Maria Liberatrice
Piazza Testaccio
Piazza dei Servili
Piazza Albania
Viale Manlio Gelsomini
Largo Manlio Gelsomini
Parco della Resistenza dell' 8 Sett.
Via G. Ferraris
Via Benjamino Franklin
Via Galvani
Piazza di Porta San Paolo
Piazza Orazio Giustiniani
Monte Testaccio
Piazzale Ostiense
PIRAMIDE
Ponte Testaccio
Via Caio Cestio
Via del Campo Boario
Piazza Vittorio Bottego
V. d. Campo Boario
Via Ostiense
Via del Gazometro
Via del Porto Fluviale
Ponte dell'Industria
Via del Commercio
Piazza del Gazometro
0,5 Kilometer
1
2
3
4
5
6
7
8
9
10
11
12
13
14
15
16
17
18
19
20
21

Der Windhauch neuen Geldes erfüllt die Luft über diesem alten Hügel Roms. Aventin ist ein nobles Viertel, das von seinen Palastgärten und teuren Villen hinabblickt auf den Palatin. Swimmingpools, ein seltener Komfort im historischen Zentrum, unterstreichen außerdem das wachsende Prestige. Die ruhigen, von Bäumen gesäumten Straßen und kleinen Plätze wirken wohnlich, nur gelegentlich begegnet man Touristen auf Kirchentour. Die Gepflegtheit der Häuser lässt nach, je mehr man sich der lauten Via Marmorata nähert. Sie ist die Nahtstelle zu Testaccio, einem alten Viertel der Arbeiterklasse und des Schlachthofes. Der Name leitet sich vom lateinischen »testa«, Tonscherbe, her. In der Antike war Testaccio ein Flusshafen, in dem Öl, Wein und Getreide in großen Tongefäßen aus der Provinz angeliefert wurden. Die Scherben landeten auf einem Haufen, der zum Berg wuchs: Monte Testaccio. Die ehemaligen Keller, die man schließlich in den Hügel trieb, hat die Clubszene entdeckt – Roms neue Höhlenkultur.

Testaccio verbindet Wesenszüge des traditionellen römischen Lebens mit einer boomenden, ausgeflippten Szene des Nightlife. Bei Tage ist der Obst- und Gemüsemarkt Mittelpunkt des Treibens. Die schlichten Trattorien in der näheren Umgebung pflegen die Küche des »quinto quarto«, des fünften Viertels, d. h. der Schlachtabfälle. Nachts steigen die Phonpegel, entpuppt sich Testaccio als Meetingpoint junger Leute auf Tour durch Cafés, Clubs und Open-Air-Lokale. Aber trotz des Zustroms an Schriftstellern, Künstlern und Studenten hält es an seinen proletarischen Wurzeln fest. Sie waren ursächlich verbunden mit der Einrichtung des städtischen Schlachthofs 1890. Er wurde 1973 geschlossen, doch sein jahrzehntelanger Einfluss auf das Viertel ist weiterhin spürbar, auch wenn der Schlachthof jetzt zu einem Kulturzentrum umgebaut wird. Straßenzüge mit Sozialwohnungsbauten für die Schlachthofarbeiter bilden den Kern der Wohnbebauung. Typisch sind hier große Innenhöfe und kleine Wohnungen. Interessanterweise leben weiterhin viele ehemalige Schlachthofarbeiter im Viertel. Daher gehört Testaccio zu den Bezirken mit dem höchsten Anteil alter Menschen an der Bevölkerung.

Jenseits der Pyramide des Caius Cestius beginnt Ostiense, in den Augen der Trendspotter das »neue Testaccio«. Lässt es auch den dörflichen Charme seiner Nachbarschaft vermissen, so hat die Industriearchitektur doch die Mächtigen des Nightlife-Entertainment und Gastronomen auf den Plan gerufen, die Lagerhäuser und stillgelegte Kraftwerke in Kneipen, Clubs und hip designte Restaurants verwandelten. Noch steht das Nachtleben an vorderster Front, steigende Immobilienpreise aber könnten bald auch die Design-Liga hierher ausweichen lassen.

DUFTGARTEN

1 Il Roseto Comunale di Roma

Clivio dei Pubblici

Nur wenige Schritte entfernt vom weitläufigen Areal des Circo Massimo bietet dieser Rosengarten am Hang des aventinischen Hügels willkommene Erholung. Auf der heute eher eintönig wirkenden Rasenfläche fanden in der Antike, umjubelt von einigen Hunderttausend Menschen, spektakuläre Wagenrennen statt. Il Roseto geht auf einen im 17. Jh. angelegten jüdischen Friedhof zurück. 1950 verwandelte man ihn in eine kommunale Anlage, wo in Erinnerung an den jüdischen Ursprung die Alleen in Form der Menora, des siebenarmigen Leuchters, gestaltet wurden. Die schönste Zeit des Jahres hier ist der Mai, denn dann öffnen sich die Blüten Hunderter verschiedener Rosensorten und verschmelzen vor unserem Auge zu einem pastellfarbenen, frisch und zugleich süß duftenden Teppich. Wie viele Plätze des wohlhabenden Aventin-Viertels scheint auch der kleine Park Tausende Kilometer entfernt von der Hektik des Metropolenalltags. Kindermädchen mit ihren Schützlingen, verliebte Pärchen und Spaziergänger mit ihren Hunden kommen hierher, um in einem Rausch der Farben und zarter Rosenaromen zu schwelgen.

POSTKARTENPANORAMEN

2 Parco Savello

Piazza Pietro d'Illiria

Es gibt zwei Wege, diese heimeligen Gärten zu erreichen: über den steilen, von Mauern gesäumten Pfad des Clivio di Rocca Savella oder die Hauptstraße Via di Santa Sabina, die am Rosengarten vorbeiführt. Wo man auch entlanggeht, die Ausblicke sind unvergleichlich und kaum übertroffen: Im Nordwesten erkennt man die Isola Tiberina, jenseits des Flusses in der Ferne Sankt Peter und – wieder näher – im Norden und Nordosten die Altertümer des antiken Rom. Der Parco Savello heißt auch »Il Giardino degli Aranci«, der Garten der Orangenbäume, wegen der betörend duftenden Fruchtbäume. Man pflanzte sie zum Gedenken an den hl. Dominikus, über den man erzählt, er habe als Erster in Italien anno 1220 spanische Orangenbäumchen gepflanzt. Nach einer Legende soll eines noch im Klostergarten der in unmittelbarer Nähe sich erhebenden Kirche Santa Sabina stehen. Der kleine Park erstreckt sich auf dem von Mauern umgebenen Gelände des alten Savelli-Forts. Die Historiker nehmen an, dass hier einst der Palast Kaiser Ottos III. stand.

ROMANIK IN ROM

3 Santa Sabina

Piazza Pietro d'Illiria

Angesichts der Fülle von Kirchen in der italienischen Hauptstadt gewinnt man schnell eine gewisse Lässigkeit gegenüber der Kirchenarchitektur. Doch Santa Sabina hebt sich von der großen Menge ab: als das besterhaltene (teils rekonstruierte) Beispiel einer frühchristlichen Basilika aus dem 5. Jh., die noch die starken architektonischen Verbindungen zum römischen Baustil dokumentiert. Sie wurde im Jahr 425 von Pietro d'Illiria begonnen, und zwar auf dem Grund einer römischen Villa, die im Besitz einer vornehmen Römerin namens Sabina war (sie starb als Märtyrerin). Die Kirche war ferner die erste des Dominikanerordens, von Papst Onorio III. 1222 der Bruderschaft übergeben. Santa Sabina beeindruckt in ihrer Schlichtheit und Strenge. Die 24 korinthischen Säulen im Innern waren eigens für sie gefertigt worden, und auch die Fenster aus Selenit (transluzentem Gips) stellen eine Besonderheit dar. Erstaunlich gut erhalten ist das große hölzerne Portal aus dem Jahr 432 mit Bildtafeln des Alten und Neuen Testaments. Im angrenzenden Kloster aus dem 13. Jh. sind (gegen eine Spende) die Zelle des heiligen Dominikus und der stimmungsvolle Kreuzgang zu besichtigen.

DURCH DAS SCHLÜSSELLOCH BETRACHTET

4 Priorato dei Cavalieri di Malta

Piazza dei Cavalieri di Malta 4

Geplant von dem visionären Architekten und Künstler Piranesi ist die Piazza dei Cavalieri di Malta ein sehr interessant konzipierter Platz, geschmückt mit kleinen Obelisken, Waffentrophäen und majestätischen Zypressen. Die Massen strömen hierher, um durch das berühmte Schlüsselloch im Portal der Residenz des Malteserordens den perfekt gerahmten Blick auf die Peterskirche zu erhaschen. Aber dies ist nicht nur ein schönes Bild, sondern man blickt auch auf drei »Länder«: Italien, das Priorat des Malteserordens, eines Staates ohne Land, abgesehen von dem Territorium der Ordenszentrale in Rom, und den Vatikan, der ebenfalls als souveräner Staat firmiert. Nicht übersehen darf man zwei architektonische Preziosen, deren Fassaden den Platz prägen: Santa Maria del Priorato, ebenfalls ein Werk Piranesis und eines der am wenigsten bekannten Meisterwerke der römischen Kunst des 18. Jhs., sowie die Benediktinerkirche Sant'Anselmo, in der an Sonntagabenden während der Vesper ergreifende gregorianische Choräle erklingen.

KLOSTERSPEZIALITÄTEN

5 Il Negozio Benedettino della Badia Primaziale di Sant'Anselmo

Piazza dei Cavalieri di Malta

Dieser kuriose Laden in einer Hütte neben der Abtei Sant'Anselmo verkauft Produkte aus Klöstern rund um den Globus. Spezialitäten sind die Pralinen aus Sant' Anselmo, die sehr hübsch in altmodische Schachteln verpackt werden, ferner Bier von den Trappisten und Seifen aus dem Kloster Subiaco. Natürlich gibt es auch Bibeln und ähnliche Bücher, aber auch eine exzellente Kosmetikabteilung, die Wundercremes gegen Cellulite und Falten bietet oder den Extrakt von Heidelbeeren oder Teufelskralle gegen Wehwehchen aller Art. Säfte von Früchten aus biologisch-organischem Anbau, Marmeladen und Tomatensauce garantieren Ihnen himmlische Schlemmermahlzeiten.

HAUSMANNSKOST

6 Augustarello

Via Giovanni Branca 98

Bei Tage legt Testaccio sein Underground-Club-Image ab und kehrt zu seinen proletarischen Wurzeln zurück – nicht nur auf dem Markt, sondern auch in einer Reihe von Restaurants, deren Stammkunde der Arbeiter aus dem Mietshaus um die Ecke ist. In der Via Giovanni Branca wurde der erste Fanclub des Fußballvereins AS Roma gegründet, und bis heute überziehen gelbe und rote Malereien der *tifosi* (Fans) die Hauswände. Wie alle guten »bürgerlichen« Lokale hat Augustarello seine Stammkunden zu Mittag und abends, die gutes Essen und die behagliche Atmosphäre der beiden schlichten Räume und des kleinen Gartens im Sommer schätzen. Die Karte ist vertrauenerweckend römisch: Lamm und Kartoffeln, Artischocken mit Minze und typische Testaccio-Gerichte wie *rigatoni alla pajata* aus den Innereien vom Milchlamm.

SCHNELL UND KÖSTLICH

7 Volpetti

Via Alessandro Volta 8

Es verwundert nicht, dass Volpetti-Delikatessen zu Mittag auch eine *tavola calda* anbietet, die in Italien beliebte Schnellimbisstheke mit leckeren kleinen Gerichten. An Tischen mit einfachen Papiertischdecken genießen die Gäste nicht nur deliziöse Feinkost, sondern Bäckerei und Küche sorgen für ständigen Nachschub warmer Pizzas, duftender Pasteten, gefüllt mit Mangold, Ricotta und Spinat, Oliven oder Kapern. In der vorderen Theke wecken die fertigen Speisen Gelüste: frische Lasagne, Tintenfischsalat und Hackfleischbällchen. Die Einrichtung ist eher von praktischen denn Design-Erwägungen bestimmt, aber auch deshalb herrscht hier mittags bei den Gästen aus dem Viertel reges Kommen und Gehen.

GOURMETQUALITÄT

8 Volpetti

Via Marmorata 47

Die Kunden beklagen sich regelmäßig darüber, dass man Volpetti selten nur mit den Dingen auf der Einkaufsliste verlässt. Sehr geschickt offeriert das Personal hinter der Theke immer noch das eine oder andere zu probieren und mitzunehmen – immerhin führt man hier Feinkost aus ganz Italien. Die Besitzer Claudio und Emilio Volpetti begannen 1973 und haben das Geschäft seither zu einem Pilgerziel der Gourmets ausgebaut. Mit Stolz präsentiert man die Auswahl feinster Schinken wie Prosciutto di Norcia, Parma, San Daniele und Prosciutto di Montagna, würzigen Parmesan, Büffelmozzarella und Ziegenkäse. Die Milch für den Pecorino Romano liefern Schafe, die auf den Hügeln im Hinterland von Rom grasen. Täglich frisch werden beste Brote angeliefert, Dienstag oder Freitag sollten Sie einmal das Brot aus Altamura in der Region Puglia kosten.

ESSEN WIE ZU HAUSE

9 Da Felice

Via Mastro Giorgio 29

Felice Trivelloni ist ein *burbero,* sprich ein Raubein, ein typischer Römer, der seine Rede nicht schönt, wenn er Sie nicht mag oder Sie nicht den Teller leer gegessen haben. Aber wenn man ihm nicht falsch kommt, wird man begeistert sein von seiner herzlichen Art und seinen kulinarischen Talenten. Der 84-Jährige erledigt noch selbst seine täglichen Einkäufe auf dem Markt in Testaccio und besteht darauf, Gerichte wie *carciofi alla romana* (gedünstete Artischocken mit Minze) selbst zuzubereiten. Felice gewann sich Legionen von Freunden, allen voran Oskarpreisträger Roberto Benigni, der ihm sogar ein Gedicht widmete, das eingerahmt an der Wand hängt. Freuen Sie sich also auf ehrliche Hausmannskost: freitags Stockfisch, samstags Kutteln und am Dienstag Pasta mit Linsen und Bohnen.

FLIRRENDES LEBEN

10 Mercato di Testaccio

Piazza Testaccio

Die Nabe des großen Treibens ist in Testaccio der ebenso laute wie geruchsintensive Viktualienmarkt. Man würde seine Stände nicht als Idylle charakterisieren, eher als funktional mit den Bergen von Artischocken aus dem nahen Ladispoli oder den Kistenstapeln voller sizilianischer Tomaten. Vor allem aber sind die Produkte frisch und preiswert. Valentinos Stand ist Dienstag und Freitag der absolute Renner, da an diesen Tagen Frauen vom Land Taschen voll köstlichen *Misticanza*-Salats entleeren: eine aromatische Mischung aus wildem Chicorée, kleinen Wildzwiebeln, duftenden Minzeblättern, Löwenzahn und würzigem Rukola.

BARMEILE

11 Via Galvani

- Joia Music Restaurant, Nr. 20–22
- Ketumbar, Nr. 24
- Bush, Nr. 44
- Letico, Nr. 64

Über die letzten zehn Jahre hin entwickelte sich Testaccio vom Schlachthausviertel zum lebensfrohen, freakigen Nightspot mit unzähligen Clubs, Bars und Restaurants. Erst gegen 23 Uhr beginnt das bunte Treiben, wenn auf der Via Galvani unter dem Ansturm der Jugend plötzlich das Verkehrschaos ausbricht. Zu den beliebtesten Kneipen gehört das überaus spärlich eingerichtete Joia, Bar, Restaurant und Club auf drei Etagen, dessen Lounge mit dem Feeling des 17. Jhs. zu coolen Cocktails verführt. In der weißen Disco allerdings ist DJ Luca Agnelli der Star (mittwochs). Die schicke Ketumbar nebenan versuchte als eine der ersten die Pariser Buddha-Bar zu kopieren und mixt dabei ostasiatischen Minimalismus mit einem Touch Antike. Die Fusionküche präsentiert sich mit kleinen Portionen und hohen Preisen, aber eigentlich kommt man hierher eher für einen After-Dinner-Drink. House und Techno ist der angesagte Sound im Bush, einer mit Schnappschüssen von Prominenten dekorierten Discobar, die über zwei Stockwerke reicht, während Letico als Restaurant und Bar mit klarem Design in dunklem Holz zu den verlässlichen Adressen des Testaccio gehört.

CLUBBING

12 Via di Monte Testaccio

- Café de Oriente, Nr. 36
- Akab, Nr. 69
- Caffè Latino, Nr. 96

Gleich um die Ecke der Via Galvani, direkt gegenüber vom früheren Schlachthof, taucht man ein in ein Labyrinth von »Höhlen«-Clubs und -bars in den Kellern des *Monte dei Cocci.* Trotz der orientalischen Stimmung, knautschiger Kissen, Räucherstäbchen und Buddhastatuen lautet das musikalische Credo des Café de Oriente: Musica latina mit kubanischen Bands und Tanzshows. Das Akab bietet eine skurrile Mischung von Electro-Dance und einem 1970er-Jahre-Flohmarkt jeden Sonntag ab 6 Uhr. Caffè Latino ist die hier älteste Disco, stark bei Livekonzerten und einem kühnen Mix von funky Acid Jazz, House und Reggae. Dabei machen der Ethnotouch indianischer Textilien, weiche Kissen und sanftes Licht auch Laune auf Longdrinks und Unterhaltung.

GEMEINSCHAFTSSINN

13 Villaggio Globale

Via del Monte dei Cocci 22

Dieses *centro sociale* ist eines von Roms ältesten Gemeindezentren, deren Aktivitäten sich vor allem auf Kunst und Livemusik konzentrieren und die vielfach in ehemaligen Lagerhäusern oder Fabriken untergebracht sind. Während der aktuellen Umwidmung des Schlachthofes ist Villaggio Globale in eine temporäre Zeltbehausung auf dem Areal umgezogen. Im Sommer finden hier Musik- und Gayfestivals statt, und zu den Reggae-Livekonzerten verkaufen viele Buden Kunsthandwerk, *panini* und Getränke.

FELICE

SPQR

FRANCO TOSI
LEG
ALIA

COMUNE DI ROMA
CENTRALE
MONTEMARTINI
SISTEMA MUSEI CAPITOLINI

»DAS FÜNFTE VIERTEL«

14 Checchino dal 1887

137

GAY-SZENE

15 Alibi

Via di Monte Testaccio 40–44

Roms ältester Gay-Club hat heute ein gemischtes Publikum. Wie auch bei anderen Lokalen hier sind die drei Stockwerke in den Abhang des Monte dei Cocci hineingegraben. Die Dachterrasse ist erstklassiger Aussichtspunkt, um den unaufhörlichen Strom der Nachtschwärmer zu beobachten. Neben der großen Tanzfläche bieten zwei Bars und eine eher private, VIPs vorbehaltene Zone, Entertainment satt. Deep House, Dance und Latin sind die populärsten Musikrichtungen, gelegentlich steht eine Drag-Show auf dem Programm, und bei der »San Remo Night« wird Italiens berühmtester Schlagerwettbewerb imitiert.

UNTERGRUNDTHEATER

16 Teatro di Documenti

Via Nicola Zabaglia 42

Das in einem Gebäude des 15. Jhs. eingerichtete Theater hat alle Barrieren zwischen Zuschauern und Bühne beseitigt. Anstatt auf ihren Stühlen zu sitzen, werden die Zuschauer mit dem Fortgang der Geschichte auf eine Reise in den Untergrund geschickt. Innerhalb der Vielzahl von Bühnenwerken sind natürlich jene am spannendsten, deren Handlung sich diese räumliche Besonderheit des Theaters zunutze machen kann – Monteverdis »L'Orfeo« etwa, wo der Sänger zu den Furien in den Hades hinabsteigt. Im Theater finden auch Ausstellungen statt; Besuch nach Voranmeldung.

PROMINENTENGRÄBER

17 Cimitero Inglese (Acattolico)

Via Caio Cestio 6

Den Rand von Testaccio markiert die »unrömische« Pyramide des Caius Cestius aus dem 1. Jh. Sie verherrlicht den Sieg über Kleopatra. Dahinter erstreckt sich der Englische Friedhof. Er wurde für die Bestattung von Nichtkatholiken im Jahr 1700 angelegt. Zypressen und Blumenbeete unterbrechen die Grabreihen, wo u. a. Goethes Sohn August, der englische Dichter John Keats (S. 33) und das Herz von P. B. Shelley beigesetzt wurden. Falls das Tor geschlossen ist, sollten Sie läuten (Sonn-/Feiertage ab 14 Uhr, Montag ganztägig geschl.).

KULTURSTADT

18 Macro al Mattatoio

Piazza Orazio Giustiniani 4

In zwei restaurierte Pavillons des Schlachthofareals ist bereits eine Dependance des Museo d'Arte Contemporanea (S. 41) eingezogen. Zusammen mit dem Villaggio Globale, der Fakultät für Architektur der Universität Rom und der Schule für populäre Musik wird sie Teil einer riesigen »Stadt der Künste« werden. Die bereits stattfindenden Ausstellungen italienischer Gegenwartskunst haben bis spät in den Abend hinein geöffnet.

ELEKTRISIERENDE SAMMLUNG

19 Centrale Montemartini

Via Ostiense 106

Die 1921 eingeweihte Centrale war Roms erstes Elektrizitätswerk und gilt bis heute als ein Glanzstück der frühen Industriearchitektur des 20. Jhs. Inzwischen ist sie »Heimat« einer exquisiten Sammlung hellenistischer Statuen aus den Kapitolinischen Museen. Also stehen nun in einem atmosphärisch spannenden Ensemble Marmorstatuen neben Wassertanks, hydraulischen Pumpen und Stahlröhren.

NACHTSCHATTEN

20 Alpheus

Via del Commercio 36

Alpheus ist unangetastet Testaccios bestetabliertes Szenelokal und boomt durch sein Programmrenommee. In einem umgebauten Lagerhaus erstreckt sich der Club über drei Hallen, von denen jede wiederum in Musikzonen gegliedert ist. Livekonzerte, Kabarettshows und sogar Tangokurse gehören zum vielfältigen Angebot; mega-in aber sind die bacchanalischen Tanzsessions mit den DJs Lusky und Jimmy J am Wochenende.

SPASS IM LAGERHAUS

21 Ex Magazzini

Via dei Magazzini Generali 8 bis

Ex Magazzini ist ein weiterer Favorit der verwegenschicken römischen Clubszene. Im Lagerhausambiente – der Name deutet es an – unterhält es mit Theater und Filmen bereits zum *aperitivo*. Später heizen Reggae, House oder Drum 'n' Bass die Stimmung an. Sonntags ist das Untergeschoss Schauplatz eines riesigen Ethnomarktes mit Waren aus Indien und Indonesien unter einer ebenso östlichen Klangwolke.

SPQR

San Lorenzo
Esquilin
Monti

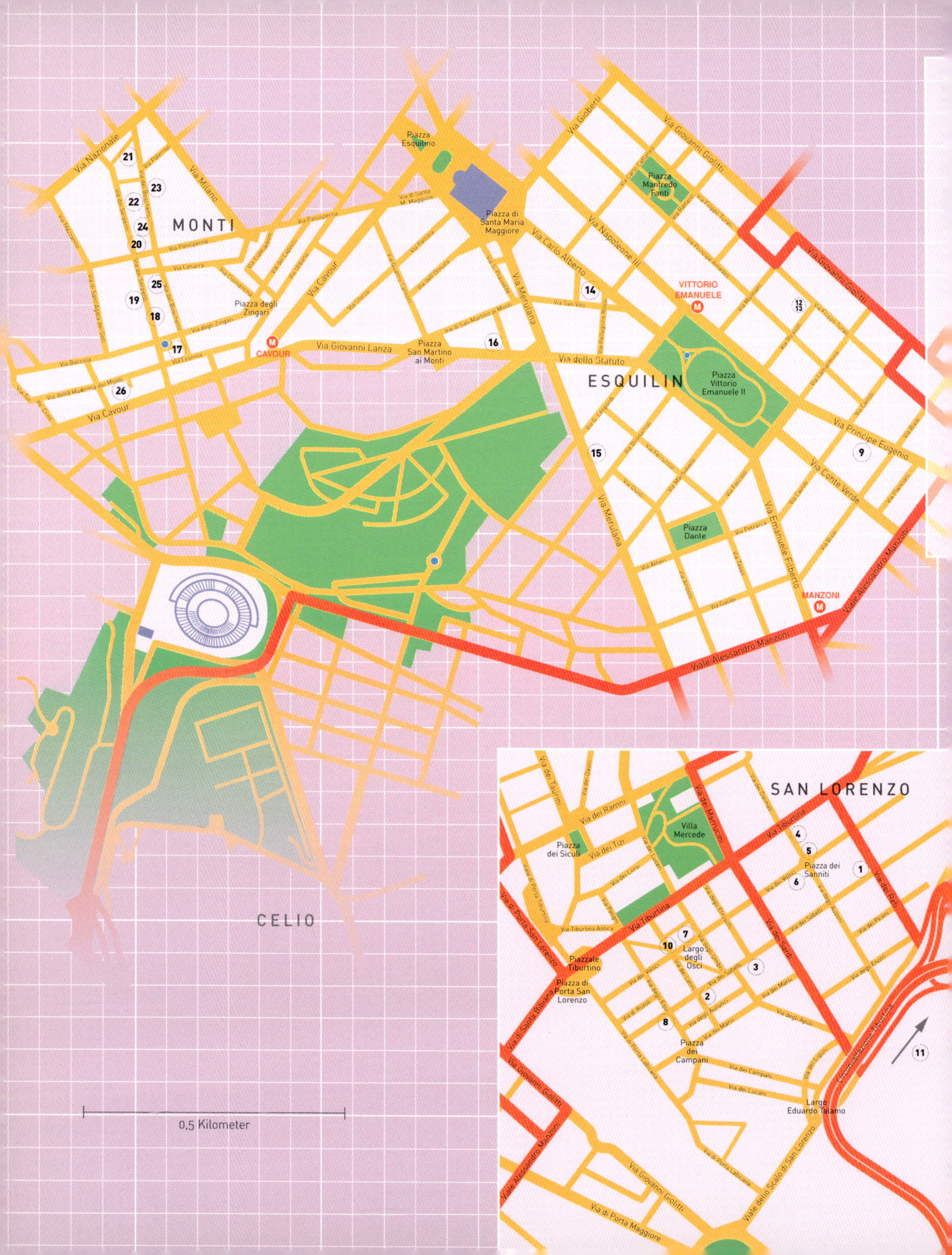

MONTI
Via Nazionale
Via Milano
Via Panisperna
Via Cimarra
Piazza degli Zingari
Via Leonina
Via Baccina
Via della Madonna dei Monti
Via Cavour
CAVOUR
Via Giovanni Lanza
Piazza San Martino ai Monti
Piazza Esquilino
Piazza di Santa Maria Maggiore
Via Gioberti
Via Giovanni Giolitti
Piazza Manfredo Fanti
Via Napoleone III
Via Carlo Alberto
Via Merulana
Via dello Statuto
VITTORIO EMANUELE
ESQUILIN
Piazza Vittorio Emanuele II
Via Principe Eugenio
Via Conte Verde
Piazza Dante
Via Emanuele Filiberto
MANZONI
Viale Alessandro Manzoni
CELIO
0,5 Kilometer
SAN LORENZO
Via dei Taurini
Via dei Ramni
Piazza dei Siculi
Via dei Tizi
Villa Mercede
Via dei Marrucini
Via Tiburtina
Piazza dei Sanniti
Via dei Reti
Via di Porta San Lorenzo
Via dei Sardi
Largo degli Osci
Piazzale Tiburtino
Piazza di Porta San Lorenzo
Via di Santa Bibiana
Piazza dei Campani
Largo Eduardo Talamo
Via Giovanni Giolitti
Viale Alessandro Manzoni
Viale dello Scalo di San Lorenzo
Via di Porta Maggiore

Monti ist das letzte Stadtviertel des historischen Zentrums, das sich der Nobelsanierung widersetzt, aber allmählich scheint es dennoch eine In-Adresse der Szene zu werden. In seinen von überwucherten Mauern gesäumten Straßen und auf den kleinen Plätzen, wo offensichtlich jeder jeden kennt, hat es sich eine bodenständige Atmosphäre bewahrt. Sein Ruf einer armen und zwielichtigen Gegend reicht Jahrtausende zurück: Kaiser Claudius' untreue Frau Messalina soll hier durch die Gassen und Bordelle gezogen sein, um sich zu amüsieren. Quirlige Weinbars, schicke Secondhandboutiquen und Antiquitätenläden ziehen heute das Publikum an.

Südöstlich von Monti wölbt sich Roms höchster Hügel, der Esquilin, auf. Die Straßen rund um die Piazza Vittorio Emanuele II und den Bahnhof Roma Termini bilden ein multikulturelles Zentrum in einer Stadt, die bisher kulturellen Einflüssen von außen eher indifferent die kalte Schulter zeigt. Das Zusammenleben zwischen der römischen Mittelklasse und den Immigranten gestaltet sich gelassen und heiter. Zwischen den Gebäuden im 1870er-Umbertini-Stil verkaufen Chinesen Kleider im Suzy-Wong-Stil und handeln Äthiopier mit Arzneien. Im neuen überdachten Lebensmittelmarkt biegen sich die Auslagen unter Bergen von Kochbananen, Jams, Ingwer und Koriander. Nicht weit entfernt findet man Restaurants wie Agata e Romeo (S. 145) und die Bäckerei Panella (S. 99), die römischen Traditionen eine individuelle Note verleihen, während näher zum Bahnhof hin äthiopische und eritreische Köche aktiv sind. Jüngere Wahrzeichen wie das Hotel SAS Radisson Rome (S. 130) mit seiner eleganten Bar Zest (S. 99) finden in der Bevölkerung durchaus Anklang. Mit Staunen haben die Einheimischen auch die Verwandlung der nüchternen Stazione Roma Termini in ein kleines Geschäftszentrum begrüßt.

San Lorenzo im Osten des Bahnhofs war das einzige im Zweiten Weltkrieg von den Alliierten stark bombardierte Viertel – ein schwerer Schicksalsschlag, denn gerade hier lebten die meisten Gegner Mussolinis. Bis heute ragen die Mauern zerstörter Häuser als Mahnmale in den Himmel. Die nahe Universität brachte San Lorenzo einen beachtlichen Zustrom an Studenten, die ohne Zweifel die Wandlung des Viertels zum pulsierenden Hotspot der Bars, billigen Trattorien und Clubs forcierten. Die Boheme konzentriert sich auf die umgebauten Lofts der alten Pastafabrik, wo Designer und Künstler arbeiten, leben und sich vergnügen. Aber der wesentliche Reiz an San Lorenzo ist, dass es ein Viertel der Arbeiterklasse geblieben ist, mit den Fußballfanclubs, den linken Buchhandlungen, einem geschäftigen Lebensmittelmarkt und vielen alteingesessenen Restaurants Seite an Seite mit modischen neuen Esslokalen.

STRASSENBAHNFLAIR

1 Tram Tram

Via dei Reti 44–46

San Lorenzo ist bodenständig – warum also nicht ein Restaurant nach der Straßenbahnlinie der Via dei Reti nennen. Tram Tram war das erste im Viertel, das in den 1980er-Jahren innovative italienische Küche servierte. Die Vorspeisen verraten eine süditalienische Note, während die Hauptgerichte der römischen Tradition folgen. Als herzhafte Entrees bietet die Karte Bohnenmus mit Chicorée, für den Hauptgang *Pugliese orecchiette* mit Brokkoli und Venusmuscheln, Schwertfischröllchen mit Anchovis und eine Terrine vom Endiviensalat. Mit Bezug auf den Namen des Restaurants und die Umgebung integriert das Dekor mit Raffinesse ausrangierte Teile von Zügen, etwa bei den Weinregalen und einigen Sitzen. Schließlich war San Lorenzo seit dem 19. Jh. das Viertel der Eisenbahner.

LECKER VEGETARISCH

2 Arancia Blu

Via dei Latini 55, 65

Seit 1993 bekocht Fabio Bassan San Lorenzos Trendgesellschaft – und hat seither sicher einige Fleischesser bekehrt. Sein Mantra lautet: Ein vegetarisches Restaurant muss keine kulinarische Strafe sein. Die innovative Speisekarte spiegelt seine Philosophie. Als Beispiel der Artischockensalat auf einem Bett von Kichererbsenmus, gefolgt von *maccheroncini* mit Trüffeln. Falls Sie dann noch Appetit haben, sollten Sie die Zabaglione unter einer knusprigen Pinienkernkruste probieren. In der gemütlichen Umgebung genießt man gerne einen Lunch – eine gute Idee vor dem Besuch der Galleria Pino Casagrande.

DINNER BEI KERZENLICHT

3 Il Dito de la Luna

Via dei Sabelli 51

Der Sizilianer Cosimo Grassadonia wünschte sich dieses Bistro der gehobenen Klasse als einen Ort des Genusses: der feinen Weine (die Karte umfasst mehr als 350 Marken) und erlesen zubereiteten Speisen zu adäquaten Preisen. Kerzen verbreiten in dem nur abends geöffneten Lokal eine einladende Stimmung, die sich in der oberen Etage zu einem überaus romantischen Ambiente steigert. Eine Auswahl fein nuancierter Klassiker aus Süditalien macht neugierig: angefangen beim Omelette von roten Zwiebeln bis zum Salat aus Fenchel, schwarzen Oliven und Orangen oder der Pasta mit Anchovis und Brotkrumen. Berühmte sizilianische Süßspeisen, etwa mit Ricotta gefüllte Teigröllchen, konkurrieren mit einem Schokosoufflee, das einem das Wasser im Mund zusammenlaufen lässt.

PRIVATE KUNST ÖFFENTLICH

4 Galleria Pino Casagrande

Via degli Ausoni 7a

San Lorenzo hat sich zu einem Lieblingsquartier der neuen *Scuola Romana* der zeitgenössischen Kunst entwickelt. Werke bekannter Künstler der Gegenwart bilden ebenfalls den Kern der Sammlung von Pino Casagrande, der sein Stadthaus im Art-déco-Stil jetzt der Öffentlichkeit zugänglich gemacht hat. Der amerikanische Minimalismus ist hervorragend vertreten durch Donald Judd, Sol Le Witt und Dan Flavin, doch präsentiert Casagrande in seiner ständig wechselnden Ausstellung auch Werke des Briten Julian Opie. Die Räume schmücken Möbelklassiker von Ettore Sottsass, Alvar Alto, Ludwig Mies van der Rohe und Le Corbusier, das geometrische Design des Gartens aber zitiert frühere Jahrhunderte und steigert den Kunstgenuss durch seine hohe Ästhetik.

KUNST-RESTAURANT

5 Pommidoro

Piazza dei Sanniti 44

Seit den 1970er verwöhnt dieses berühmte Restaurant mit seiner römischen Küche eine Intellektuellen-Klientel – darunter nicht zuletzt Pier Paolo Pasolini, der ein großer Fan der bodenständig-volkstümlichen Seele von San Lorenzo war. Pommidoros Stammkundschaft sind allerdings gegenwärtig die Kreativen aus dem nahe gelegenen »Pastificio Cerere«, einer alten Pastafabrik und Getreidemühle, die in Studios umgewidmet wurde, sowie die Stars des Fußballclubs Roma. Der Service ist sehr aufmerksam und dabei unaufdringlich – die Kellner begrüßen die Stammkunden sogar mit Vornamen, und Aldo, der Besitzer, verlässt regelmäßig die Küche, um einige Anekdoten aus der Ortsgeschichte zum Besten zu geben. Gegrilltes Fleisch ist eine seiner Spezialitäten, ebenso *spaghetti alla carbonara* und *alla gricia* (mit Schinkenspeck und einem guten Quantum gemahlenen Pfeffers). Wer hier häufiger speist, schätzt die bekannte römische Köstlichkeit *rigatoni alla pajata* mit Innereien vom Kalb. Seit des BSE-Skandals wurde das Gericht mit der cremigen Sauce jedoch beinahe vollständig von der Karte verbannt. Die schönsten und begehrtesten Plätze sind jene auf der Terrasse zur Piazza, wo Musiker gelegentlich Konzerte improvisieren.

GROSSARTIG KREATIV

6 Myriam B.

Piazza dei Sanniti 42;
Via dei Volsci 75

Über mehr als 20 Jahre hat die in Mailand geborene Designerin Myriam Bottazzi ausdrucksvoll-extravagante Schmuckstücke kreiert und sich damit eine treue Fangemeinde erworben, darunter die Modedesigner Martine Sitbon und Romeo Gigli. Für seine Kollektionen hat sie eine Reihe von Accessoires entworfen. Myriam Bottazzi fühlt sich in San Lorenzo zu Hause, ihre winzig kleine Boutique liegt nur einen Katzensprung von ihrer Wohnung entfernt, sodass, wie sie sagt, keine langen Wege ihren konstanten Prozess der Kreativität unterbrechen. Wuchtige Bronzebroschen, Haarspangen mit Blumendekor, Halsketten in arabischer Anmutung: Kein Stück wirkt übertrieben, und dennoch sind ihre Kreationen der ideale Schmuck für Frauen, die gerne ihren Auftritt inszenieren.

MEISTER DES LEDERS

7 Claudio Sano

Largi degli Osci 67

Mag San Lorenzo auch über die letzten Jahre hin aufgemotzt worden sein, die Arbeiterklasse-Wurzeln leugnet und vergisst man hier nie. Werkstätten von Handwerkern und Weinläden sowie die Märkte für frische Lebensmittel, ja vor allem Gemüse bestimmen den Pulsschlag des Viertels. Daher ist es positiv zu sehen, dass die heimischen Traditionen von Designern wie Claudio Sano und Myriam Bottazzi (s. links) aufgegriffen werden. Sano ist ein begeisterter Designer und Praktiker. Er vereint Handwerkskunst mit dem Talent für individuelle Gestaltung und beinahe surrealistische Formen. Angefangen von seinen handgenähten Sandalen bis zu den Handtaschen für Frauen oder den Aktentaschen und Gürteln für Männer belegen alle Produkte seine Liebe zum Leder. Er schneidet nicht nur selbst zu, vorher behandelt er das Leder auch. Großen Wert legt er auf eine glatte, sanfte Oberfläche, akkurate Nähte und gute Färbung. Seine lustigen Aktentaschen mit dem großen Schlüsselloch sind ein Hit und unverwechselbar. Diese Kollektion ist eine wahre Entdeckung im Meer der internationalen Lederaccessoires großer Marken, für die Italien so bekannt wurde.

TRATTORIA OHNE SCHNÖRKEL

8 Uno e Bino

147

EISPALAST

9 Palazzo del Freddo di Giovanni Fassi

Via Principe Eugenio 65–67

Keine *passeggiata* am Sonntagnachmittag wäre komplett ohne einen Besuch bei Fassi, der Eisdiele der *Gelati*-Feinschmecker. Man kennt Fassi seit Beginn des 20. Jhs. und der großzügige Raum mit den einfachen Tischen und Stühlen ist ein schmuckes Beispiel des volkstümlichen Art-déco-Stils. An warmen Sommerabenden versammeln sich hier die römischen Familien, um *ninetto* mit Schoko-Sahne-Geschmack oder eine sizilianische *cassata* zu schlemmen. Auch die *semifreddos* sind Spitze – versuchen Sie einmal jene mit Beerenobst. Die Desserts zum Mitnehmen werden noch die anspruchsvollsten Gastgeber beeindrucken, vor allem wenn Sie beiläufig erwähnen, woher sie kommen. »Palazzo« hat außerdem eine Filiale in der Prati-Gegend, aber der Eispalast in der Via Principe Eugenio ist der ursprüngliche und nicht nur San Lorenzos erste eisige Adresse.

Wine Selection
Vini Bianchi
Chardonnay € 5,00
Falanghina
Prosecco
Vini Rossi
Chianti
Nero d'Avola
Cannonau
Barbera
Rosso di Montalcino € 7,50
Primitivo di Manduria
Montepulciano

Kron
Fontana Candida
Camartina
Girolamo
Castello di Bossi
Pèppoli
Pèppoli
Vignarionda
Arnaldo-Caprai
Quartodisole
Pian delle Vigne

WEINECKE

10 Ferrazza

Via dei Volsci 59

Die Enoteca Ferrazza liegt geradezu ideal, um San-Lorenzo-Luft zu schnuppern und Leute zu treffen – das Gesehenwerden spielt hier keine Rolle. Handwerker und Künstler haben die Enoteca zu ihrem Lieblingstreff für einen *aperitivo* erkoren. Dieses mittlerweile weit verbreitete Ritual stammt eigentlich aus Norditalien. Man verabredet sich zu einem Drink oder zwei vor dem Abendessen und kostet dazu eine leckere Auswahl pikanter Snacks. Zum Preis eines Glases Prosecco können Sie in der Enoteca eine ganze Palette warmer Stückchen Pizza, Oliven, Kartoffelchips und Minisandwiches schmausen. Die Stammkunden wissen das auch, und daher sollten Sie nicht allzu spät kommen, wenn Sie essen wollen. Orlando Ferrara pflegt mit großem Stolz seinen Weinkeller, der mehr als 1000 italienische Marken umfasst und aus dessen Sortiment er etliche offen anbietet. Dazu passen hervorragend Austern und roher Fisch. Die Einrichtung des kleinen Restaurantbereiches ist nicht übermäßig gestylt, größeren Wert legte man auf eine gute Präsentation der Weine.

MUSIK DER ZUKUNFT

11 La Palma

158

NICHT NUR FÜR BAHNFREAKS

12 SAS Radisson Rome

130

CAPPUCCINO IM HÖHENFLUG

13 Bar Zest

Via Filippo Turati 171

In Liftgeschwindigkeit sausen Sie von der Lobby des SAS Radisson Rome hinauf ins Zest: elegante Bar, Café und Aussichtsbalkon über die Stadt, wo man für das Panorama der Stazione Roma Termini und des neuen Marktes nicht den dreifachen Espressopreis hinblättern muss. An sonnigen Tagen suchen sich auf dem geschützten Patio die Anwohner der Piazza Vittorio und die Film- und Medienwelt einen Stuhl für Cappuccino, *cornetto* und die Sonntagszeitung. Im Innern reihen sich Jasper-Morrison-Stühle (von Cappellini) entlang der Bartheke aus schwarzem Granit – perfektes Ambiente für den Cocktail zur späten Stunde.

FAMILIENBETRIEB

14 Agata e Romeo

145

BROTKUNST

15 Panella

Via Merulana 54–55

Es ist wahr: Für einen Bissen duftenden warmen Brots aus der Panella-Bäckerei fahren Leute einmal quer durch Rom. Seit 1920 beschäftigen sich die Panellas mit dem Backen, optimalen Zutaten und Techniken und verkaufen heute an die 80 verschiedene Sorten. Einige hat man sogar nach den in Pompeji gefundenen oder bei Plinius d. Ä. im 1. Jh. n. Chr. beschriebenen Rezepten hergestellt. Brotsorten mit Kräutern (Rosmarin, Rukola und Salbei), knuspriges, waffeldünnes Brot aus Sardinien, jüdisches Azzimo-Brot ohne Hefe, rösches römisches *casareccio* und Baguette sind nur einige der Köstlichkeiten im Sortiment. Auch warme Pizzas mit Tomaten, Zucchini oder Käse sind immer vorrätig neben einer interessanten Auswahl an Appetithappen, z. B. frittiertem Mozzarella, Reiskroketten und pikanten Pastetchen. Zu Ostern produziert Panella eine unvorstellbare Vielfalt von *pizze pasqualine* gefüllt mit Käse und Schinken, während zu Weihnachten fantasievolle Variationen des *panettone* den Gaumen kitzeln: mit Schokolade überzogen oder gefüllt mit Vanillepudding. Im Café erfrischen Obstsäfte und rundet der Cappuccino den weichen Geschmack neapolitanischen Gebäcks, der Croissants und zarter Blätterteigteilchen ab.

ÜBERZEUGEND SCHLICHT

16 Monti Doc

Via Giovanni Lanza 93

Diese behagliche und immer volle *enoteca* führt ein eigentlich anonymes Dasein an der verkehrsreichen Via Giovanni Lanza, kurz bevor diese auf die prachtvolle Piazza San Martino ai Monti mit ihrem mittelalterlichen Turm mündet. Dies ist die Grenze zu Monti, einer mit Weinbars und *enoteche* gespickten Gegend. Im Monti Doc gruppieren sich nur ein paar Tische um die altmodische Marmortheke. Dinkelsuppe mit Kürbis, eine *parmigiana* von Auberginen und Polenta zu W'ldschweineintopf zählen zu den Gerichten der täglich wechselnden Karte auf der großen Tafel. Das preislich hervorragende Angebot regionaler Weine ist einer der wesentlichen Anziehungspunkte des Monti Doc, wobei etliche auch offen zu haben sind. Der Andrang ist groß, die Vorausbuchung empfehlenswert.

TIEFDUNKLE STERNE

17 La Bottega del Cioccolato

Via Leonina 82

Dass die Bottega del Cioccolato von Juni bis September für drei Monate schließt, ist Beweis für ihr Bekenntnis zu absoluter Frische. Maurizio Proietti hat quasi Schokolade im Blut, denn schon sein Vater war einer der Gründer des Schokoladengeschäftes Moriondo e Gariglio (S. 17). Und wie dieser versteht er sich auf die Schokoladenherstellung nach piemontesischer Tradition, die das Geheimnis seines Erfolgs im *laboratorio* birgt. Das tiefrote Dekor ist stimmiger Hintergrund für die dunklen, zu 90 Prozent aus brasilianischem Kakao bestehenden Schokoladentafeln. Daneben verführen Fruchtgelees, *Torrone*-Stäbchen für Weihnachten, Trüffelpralinen, mit Pfeffer oder Minze aromatisierte Tafeln, Chilipralinen und das Schoko-Kolosseum en miniature.

AUSTRALIEN IST NAH

18 F.I.S.H. – Fine International Seafood House

Via dei Serpenti 16

Matteo und Paolo Bassi verbrachten ihre Jugend in Australien. Als sie später nach Rom zurückkehrten, vermissten sie den panasiatischen Touch der vielfältigen Küche Sydneys. So sehr, dass sie voller Nostalgie beschlossen, ein Sushi-Sashimi-Restaurant zu eröffnen. Dennoch wollten sie das überreiche mediterrane Angebot an Fisch nicht übergehen. Ist überall japanische Inspiration zu spüren, so verrät die Karte deutliche italienische Akzente. Und sei es die Venusmuscheln-Ingwer-Suppe oder das Heilbuttcarpaccio – immer begeistert der Geschmack anspruchsvollste Gourmetgaumen. Die Einrichtung mit den Stahlrohrstühlen und Lacktischen ist sehr modern, der Weinkeller – mehr als 120 Marken sind vertreten – gleichfalls innovativ. Weine aus Tasmanien, Kingsland und anderen Teilen Australiens lagern neben italienischen und französischen Tropfen. Sollten Sie Hunger verspüren, dann finden Sie Erlösung an der Austernbar nahe dem Eingang, ohnehin eine feste Adresse der Insider im Viertel.

SCHLICHTE FREUDEN

19 Al Vino Al Vino

Via dei Serpenti 19

Derart viele Einheimische schauen hier abends nach der Arbeit schnell auf einen Drink vorbei, dass man Al Vino Al Vino beinahe Montis zweites Wohnzimmer nennen könnte. In den drei Räumen herrscht eine sehr entspannte und freundliche Stimmung – auch durch die Stellagen und die alte Theke, die man aus einem Lebensmittelladen des 19. Jhs. gerettet hat. Der rückwärtige Raum dient regelmäßig als Galerie für Kunst- und Fotoausstellungen, während der kleine Garten eine romantische Ecke der Erholung ist. Markant toskanische Züge hat die Küche, aber dennoch versteht sich Giacomos Mutter auf eine gute sizilianische *caponata* mit Auberginen, zu der die zahlreichen offenen Weine vielfache Ergänzung bieten – und als Krönung die Grappas feinsten Aromas.

DESIGN OHNE KOMPROMISSE

20 Atelier Monti

Via Panisperna 42

Nach einer Periode in New York beschloss der Architekt Massimo Lucarini, sich mit Roberta De Angelis zusammenzuschließen und Atelier Monti zu eröffnen: ein Geschäft für zeitgenössische Inneneinrichtung und Alltagsprodukte. Ihr Stolz sind die meisterlich gearbeiteten Küchen aus massiver Eiche, die im Veneto bei Oldline hergestellt werden, aber auch kleine Artikel wie Venini-Glas und Gegenstände von Pepe Cortes und Covo. Licht und clever wirkt die gesamte Einrichtung von Atelier Monti, wie das Geschäft ohnehin eine Oase der Moderne in der bisher von Antiquitätenläden dominierten Gegend darstellt.

AUTHENTISCHE AROMEN

21 Valentino

Via del Boschetto 37

Glaubt man den kürzlich erst restaurierten Schildern aus den 1930ern, so war das Valentino ursprünglich eine Bierkneipe. In der ständig steigenden Menge der schicken Weinbars und Esslokale, die hinter ihren kulinarischen Versprechungen oft weit zurückbleiben, hebt sich das Restaurant wohltuend ab. Denn Valentino ist typisch römisch: eine Trattoria im Familienbetrieb mit einem aufmerksamen persönlichen Service. Spezialität des Hauses ist gegrillter *scamorza,* ein dem Provolone ähnlicher Käse, der ursprünglich aus Süditalien stammt. Probieren Sie ihn mit Rukola, Champignons oder Parmaschinken. Hervorragend sind ferner Fleischgerichte vom Grill und sogar saftige Hamburger. Zum Dessert sollten Sie das grandiose *gelato* aus der nahen Eisdiele Fassi (S. 96) probieren, von der Weinkarte einen Tropfen aus Latium: Ein Chardonnay Casale del Giglio ist wahre Spitzenklasse.

La Bottega
del
Cioccolato

FRANÇOIS
BOUTIQUE

PFAFF

KITSCH UND SPASS

22 François Boutique

Via del Boschetto 3

Model, DJ, Modedesigner und nun Geschäftsinhaber: Francesco Estela ist ein junger Mann mit vielen Talenten. Bei seinem Shop »für den Mann« ließ er sich von den »französischen Boutiquen der 1970er« inspirieren, obwohl er einräumt, dass sich seine Kollektion an ein »metrosexuelles« Publikum richtet. T-Shirts mit Punkmotiven, farbenfrohe Hemden und irisierende Vinylgürtel hängen zwischen Plastikblumendeko vor einer überdimensionalen hawaiischen Landschaft. Auch sein DJ-Equipment und seine Nähmaschine gehören zum Interieur. In jedem Fall ist die Boutique ein guter Stopp, um Flyer der trendigsten Nachtclubveranstaltungen in Rom mitzunehmen, organisiert von Francesco selbst oder einer Gruppe schräger Freunde.

VERGANGENHEIT UND GEGENWART

23 Le Gallinelle

Via del Boschetto 76

Über die Jahre hat sich Le Gallinelle erfolgreich vom Secondhandshop zum eigenen Label gemausert, den Retrolook aber kultiviert es weiterhin durch ungewöhnliche Materialien und Schnitte. Beispiele sind Wilma Silvestris von der Skulptur einer griechischen Göttin inspirierte Abendkleider, die hübschen Paisley-Sommerkleidchen und verrückte Blumenröcke. Eine Auswahl von alten Gucci-Taschen, Valentino-Gürteln und Ben-Sherman-Shirts für Männer macht Le Gallinelle auch zum lohnenden Ziel der Schnäppchenjäger und Modefreaks. Der Name des Shops ist zum einen ein Wortspiel auf die in Italien gebräuchliche Bezeichnung des Sternbilds der Plejaden, zum andern eine Anspielung auf die frühere Nutzung des Geschäfts als Metzgerei. Die von dort stammende Marmortheke mit den eingravierten Hühnern, die Haken für das Fleisch sowie der gemusterte Fliesenboden wurden übernommen, und harmonieren ganz erstaunlich mit der herrlich bunten Kleidung auf den Stangen.

LICHTBLICKE

24 Maria Teresa Gaudenzi

Via del Boschetto 1b

Maria Teresa Gaudenzi ist die Doyenne der Trouvaillen des 19. und 20. Jhs. Aus aller Welt erhält sie Aufträge von Kunden, nach seltenen Sammlerstücken zu fahnden – meist wird sie auch bei Antiquitätenhändlern in Europa fündig. Sie ist eine Spezialistin für italienische Lampen, insbesondere aus Muranoglas der 1950er, 1960er und 1970er, und fertigt eigene Entwürfe. Ihr Geschäft ist ein Sammler-El-Dorado unterschiedlichster Epochen aus verschiedensten Ländern: Da steht ein Schränkchen aus dem Italien der 1940er-Jahre neben russischen Gemälden von der Wende zum 20. Jh. oder ein französischer Rokoko-Toilettentisch aus Glas kontrastiert heftig mit einer schwedischen Schubladenkommode aus gebleichtem Holz.

SINN FÜR DRAMATIK

25 Fabio Piccioni

Via del Boschetto 148

Fabio Piccionis kleiner, bis oben hin voll gestopfter Shop ist ein Tempel schimmernden Strassschmucks, angefangen von den bekannteren amerikanischen Firmen wie Trifari bis hin zu selteneren Stücken, z. B. Broschen und schlangenförmigen Armbändern aus dem Italien der 1930er. Fabio verleiht große Teile seiner Sammlung an TV- und Fernsehproduktionen, zugleich kommt ihm seine Ausbildung als Kostümbildner bei Auftragsarbeiten zugute. Von den Wänden der Boutique lächeln – signiert natürlich – die Konterfeis glücklicher Schauspielerinnen. Fabio selbst ist ein exzentrischer Charakter, oft trägt er Halsschmuck und Armbänder aus seiner Kollektion in nonchalanter Lässigkeit. Und in seinem Laden warten Perlen und Glitzersteinchen in unendlich vielen Schachteln nur auf die nächste kreative Phase des Meisters oder die nächste Produktion.

FLOWER-POWER

26 Pastore & Tjäder

Via della Madonna dei Monti 62a

Die Sanierungsmaßnahmen in Monti haben auch eine neue Art von Bewohnern ins Viertel geschwemmt, die sich auf ihren Terrassen eine moderne Gestaltung wünschen. Eleanore Pastore und ihre schwedische Partnerin Susanne Tjäder haben mit ihrem Blumenladen in einem mittelalterlichen Gebäude genau den Zeitgeist getroffen. Susanne brachte eine eher nordeuropäische Sensibilität für Gartenkultur und -design nach Rom, die bei den örtlichen Floristen frischen Wind entfachte. Arrangieren sie nicht gerade ein Bouquet duftender Rosen oder blassrosafarbener Pfingstrosen für eine Laufkundschaft, arbeiten sie als Gartenberater oder gestalten Arrangements für Hochzeiten, Empfänge und Partys. Im Laden finden Sie außerdem moderne Vasen, Übertöpfe, größere Blumencontainer und Duftkerzen.

Kolosseum
Celio

ESQUILIN
PALATIN
CELIO
Largo della Polveriera
Viale Cesare Ceradini
Viale del Monte Oppio
Via degli Orti di Mecenate
Parco di Traiano
Via della Polveriera
V. del Monte Oppio
Via delle Terme di Tito
Largo Gaetana Agnesi
M
COLOSSEO
Via Nicola Salvi
Viale Serapide
Viale della Domus Aurea
Viale di San Telemaco
Via Labicana
Piazza del Colosseo
Kolosseum
Arco di Costantino
Via Celio Vibenna
Via Labicana
Via Merulana
Piazza San Giovanni in Laterano
Via di San Giovanni in Laterano
Via dei Santi Quattro Coronati
Via Normanna
Via Capo d'Africa
Via Marco Aurelio
Via Annia
Via Celimontana
Via dei Querceti
Tempio di Claudio
Via Claudia
Parco del Celio
Via del Parco del Celio
Via di San Gregorio
Piazza dei Santi Giovanni e Paolo
Clivo di Scauro
Via di San Paolo della Croce
Piazza Celimontana
Via di Santo Stefano Rotondo
Via di Villa Fonseca
Via dell' Amba Aradam
Santo Stefano Rotondo
Villa Celimontana
Via della Navicella
Piazza di Porta Capena
M
CIRCO MASSIMO
Via di Valle delle Camene
Via di S. Erasmo
Piazza di Porta Metronia
Piazzale Metronio
Viale delle Terme di Caracalla
Via Druso
Piazzale Numa Pompilio
1
2
3
4
5
6
7
8
9
10
11
12
0,25 Kilometer

Celio erfährt gegenwärtig eine Renaissance, insbesondere seit der Eröffnung des Hotels Capo d'Africa (S. 132) im Jahr 2002. Bars haben bis lange in die Nacht geöffnet, Trattorien und gehobene Restaurants servieren eine innovative Küche, kleine Boutiquen und Galerien der lokalen Kunstzirkel schaffen eine lebendige, freundliche Stimmung. Im Sommer sind die heiteren Gärten der Villa Celimontana (S. 113) Naturbühne eines hochkarätigen Jazzfestivals. Keith Jarrett trat hier auf, aber auch einheimische Talente wie der Jazzer Roberto Gatto wecken Aufmerksamkeit. Tagsüber ziehen die Touristen durch Il Celio, immerhin besitzt es einige der großartigsten Kirchen Roms. Vor der Einigung Italiens im Jahr 1870 und dem darauf folgenden Versuch einer Neustrukturierung der Stadt war Rom in weiten Teilen ein Landschaftspark mit antiken Ruinen, Kirchen und kleinen urbanen Zentren. In Celio ist es gelungen, das Flair des alten Rom zu bewahren, und zwar dank der schon im 19. Jh. erfolgten Anlage eines archäologischen Parks, der sich bis zur gepflasterten Via Appia Antica erstreckt. Bummeln Sie durch Celio und entdecken Sie sein Labyrinth der auf und ab führenden Gassen, langsam verfallende Palazzi und verborgene architektonische Kostbarkeiten. Während der römischen Kaiserzeit war dies die Villengegend der Aristokraten. Nero errichtete hier seine luxuriöse, Domus Aurea (S. 108) genannte Palaststadt auf dem Colle Oppio. Heute ist der Park eine grüne Oase der Walker, Radfahrer und Kinder.

Das archäologische Epizentrum des Viertels ist ohne Zweifel das monumentale Kolosseum am Ende der großen Verkehrsader Via dei Fori Imperiali. Das flavische Amphitheater, wie man es in der Antike nannte, ist ein Meisterwerk der Architektur und Ingenieurkunst. Innerhalb seiner Mauern mit einem Umfang von 545 Metern konnte es die unglaubliche Menge von 50 000 Zuschauern aufnehmen. Begonnen von Kaiser Vespasian im Jahr 70 n. Chr., wurde es von seinem Sohn Titus erst 80 n. Chr. eingeweiht und während der Regierungszeit Domitians (81–96) vollendet. Daneben erhebt sich der Konstantinsbogen, ein weiteres Wahrzeichen der Stadt, das der Senat und die Bevölkerung Roms im Jahr 315 zum Gedenken an den Sieg des Kaisers über Maxentius errichteten.

Da Kämpfe und Spiele im Kolosseum stattfanden, lagen die Unterkünfte der Gladiatoren und ihrer Besitzer in Celio, ebenso wie die Kasernen der kaiserlichen Kavallerie und der Truppen aus der Provinz. So lebten in der Gegend viele römische Bürger aus Afrika, denn ähnlich wie in Ridley Scotts Film »Der Gladiator« erzählt, trieb sie das Geld nach Rom. Das kosmopolitische Vermächtnis jener Zeit betonen die heute weit besser gestellten Bewohner sehr gerne – insbesondere mit dem Blick auf eine fortschreitende Globalisierung.

GOLDENE PRACHT

1 Domus Aurea

Viale della Domus Aurea

Neros »Goldenes Haus« wurde erst vor kurzem restauriert, nachdem es über Jahrhunderte ein mit Schutt gefülltes jämmerliches Dasein geführt hatte. Gebaut als Palast für die hedonistischen Launen des unbeliebten Kaisers, soll die Anlage eine 25-mal größere Fläche als das Kolosseum eingenommen haben, eingeschlossen ein eigener Park mit See. Im Jahr 104 verwüstete ein Feuer die Anlage, Neros Nachfolger hatten bereits den See trockengelegt und an seiner Stelle das Kolosseum errichtet. Als man im 15. Jh. einige der verschütteten Räume entdeckte, ahnte niemand, was man eigentlich gefunden hatte. Die verblüffenden Malereien und Verzierungen weckten jedoch bald das Interesse der Altertumsforscher und auch Künstler, die Studien zeichneten. An Seilen wurden sie in die Räume hinuntergelassen, wo sie sich sogar mit Graffiti verewigten. Sowohl Raffael als auch Giovanni da Udine sollen die Malereien bei der Ausschmückung der vatikanischen Loggien als Vorbild gedient haben, denn an beiden Orten findet sich der groteske Stil, d. h. die Darstellung von Wesen halb Mensch, halb Tier. Insbesondere für die Wochenenden sollte man Eintrittskarten telefonisch reservieren, da hier nur Führungen in kleinen Gruppen stattfinden.

DREI IN EINER

2 Basilica di San Clemente

Via di San Giovanni in Laterano

Auf den ersten flüchtigen Blick wirkt sie wie ein typisches Beispiel der Architektur des 12. Jhs., aber sobald man sie betritt, enthüllt sie ihre vielschichtige Geschichte. An der Stelle der Basilica di San Clemente überlagern sich Kultstätten aus drei Epochen. Die katholische Oberkirche enthält die Kapelle der hl. Katharina von Alexandria mit Fresken von Masolino und vielleicht Masaccio. Steigt man in die Tiefe der Unterkirche aus dem 4. Jh., so sieht man ein Fresko der Kaiserin Theodora, die man zur christlichen Madonna verändert hat. Gleichfalls erkennt man ein Fresko mit Sprechblasen (wie bei Comics) mit einem der ersten Beispiele der italienischen Sprache. Abermals tiefer gelangt man in ein gut erhaltenes Mithräum (2./3. Jh.), die Kultstätte des in der Antike verbreiteten Mithraskultes. Dass der Bachlauf neun Meter unter der Erdoberfläche von den Irischen Dominikanern während des Zweiten Weltkriegs genutzt wurde, erinnert daran, dass Rom ein geheimnisvolles Leben im Untergrund führt.

HEIMISCHES TALENT

3 Galleria Arte e Pensieri

Via Ostilia 3a

Nur ein paar Schritte von der Via di San Giovanni in Laterano entfernt liegt die noch vor nicht allzu langer Zeit eröffnete Galleria Arte e Pensieri. Sie steht unter der Leitung des Kunstkollektivs I Diagonali. Zu dieser kulturellen Vereinigung haben sich die Künstlerin Marisa Facchinetti und zwei Bewohner von Testaccio, Bruno Aller und Aldo Bertolini, zusammengeschlossen. Die Galerie zeigt vier Ausstellungen pro Jahr, fungiert aber gleichzeitig als Treffpunkt für Künstler, die keinen renommierten Zirkeln angehören. Anders als in Vierteln wie San Lorenzo mit einer etablierten Künstlergemeinde leistet die Galleria Arte e Pensieri hier Pionierarbeit, um Celio überhaupt als Ort der Kunst und Kunstproduktion bekannt zu machen. Bei den Ausstellungen präsentierten u.a. die Italiener Giulio Turcato, Emilio Vedova und Achille Perilli. Die Einrichtung ist unspektakulär, allerdings hat man hier die Chance, junge Talente zu entdecken. Aufgrund der leicht unregelmäßigen Öffnungszeiten lohnt es sich, die Ausstellungstermine vorab zu erfragen.

DER ZEIT ENTRÜCKT

4 Santi Quattro Coronati

Via dei Santi Quattro Coronati

Spaziert man die schmale Via dei Santi Quattro Coronati aufwärts, so erhascht man einen Blick auf ein Gebäude in der Art einer mittelalterlichen Burg. Die Kirche Santi Quattro Coronati ist in der Tat die einzige befestigte Abtei Roms und diente den Päpsten im Mittelalter zeitweilig als Residenz oder Unterkunft für bedeutende Gäste. Ihren Namen erhielt sie von vier Soldaten, Claudius, Nicostratus, Symphorian und Castrius, die unter Kaiser Diokletian den Märtyrertod starben, da sie sich weigerten, dem Gott Äskulap zu huldigen. Der schönste Teil der Anlage ist der kleine Kreuzgang, zu dem man Zutritt erhält, wenn man eine Glocke läutet und eine kleine Spende gibt. In dem Geviert fühlt man sich zurückversetzt in eine friedvolle Zeit, wie sie vor Jahrhunderten in den Klöstern herrschte – leise plätschert in der Mitte der Brunnen und unter den Arkaden wärmt die Sonne den alten Steinboden.

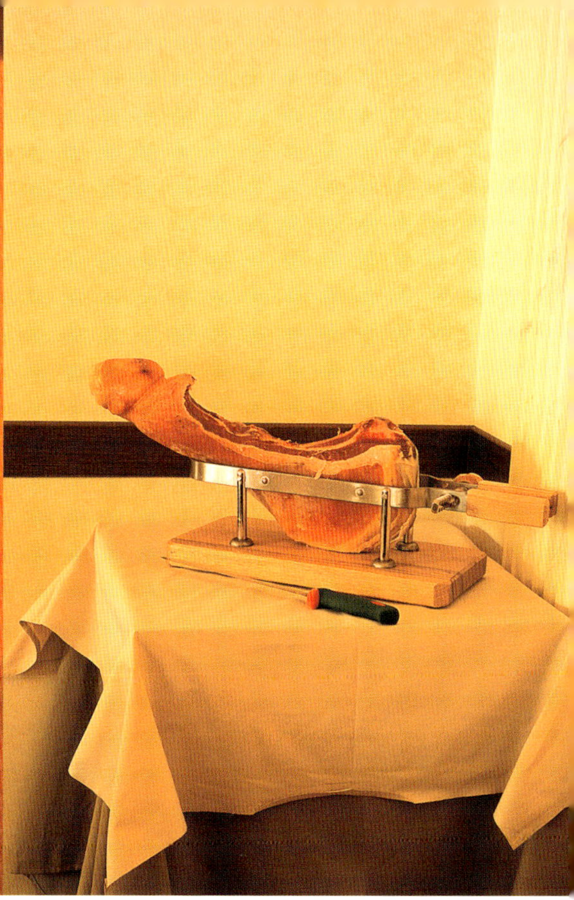

MEHR ALS NUR KAFFEE

5 Café Café

Via dei Santi Quattro Coronati

In diesem heimeligen Café mit seinen buttergelben Wänden und den dunklen, rustikalen Stühlen und Tischen serviert man Ihnen mehr als nur Kaffee. Die Auswahl der 60 verschiedenen Tees ist hier der Knüller, kaum weniger die exzellente Weinkarte mit einer Betonung auf den nicht zu körperreichen Qualitäten. Eine herzhafte Kichererbsensuppe, große Portionen schmackhafter Salate, griechische und spanische Käse sowie Gebäck aus eigener Herstellung liefern eine solide Grundlage für Unternehmungen oder einen guten Tropfen. Geöffnet vom Frühstück an bis 2 Uhr morgens, ist dieses Lokal eine willkommene und heitere Bereicherung in der ständig bunter werdenden gastronomischen Landschaft des Viertels – und vor allem eine schöne Unterbrechung während einer (Kirchen-) Besichtigungstour.

STOPP ZUM LUNCH

6 Papagiò

Via Capo d'Africa 26

Früher gab es hier das Restaurant Magna Roma, ein ziemlich merkwürdiges Etablissement, das berühmt war für eine »Interpretation« der antiken römischen Küche. Die Stärken des Papagiò sind hingegen seine auf die Bewohner des Viertels abgestimmte Karte mit traditionellen Gerichten und frischen Produkten der Saison sowie der flinke, gute Service. Frischer Fisch gilt als die Spezialität des Hauses. So versteht man sich auf *spaghetti alle vongole* ebenso wie auf das *risotto agli scampi,* deren großzügige Portionen bestens sättigen. Oder versuchen Sie die vorzügliche Pasta mit Zucchiniblüten und Venusmuscheln. Bei den Weinen bietet die Karte eine hervorragende Auswahl an Weißen. Genießen Sie nach einem feinen Essen hier eine nachmittägliche *passeggiata* unter den Palmen der Villa Celimontana.

SUBMARINE ENTDECKUNGEN

7 Crab

Via Capo d'Africa 2

Schon der Name verrät die Spezialisierung des Restaurants auf Krustentiere: vorwiegend Krebse, Riesengarnelen und Hummer. Täglich frisch angeliefert aus Sardinien, fristen sie in einem Becken am Eingang ihre letzten Tage. Viele Feinschmecker setzen auf eine schlichte Zubereitung von Hummer & Co., doch im Crab überzeugen auch Fisch-Carpaccios, geschmorter Tintenfisch mit Kartoffeln und ein warmer katalanischer Salat. Das Gebäude des Crab fungierte vormals als Lagerhaus. Mit Geschick transformierte es der Architekt Terry Vaina in einen luftig wirkenden, eleganten Tempel kulinarischer Genüsse. Nur einige Kunstwerke in glühenden Farben setzen an den Wänden dramatische Akzente. Vater Eligio und Tochter Valentina Damu, die das Crab mit gewinnendem Charme führen, stammen aus Sardinien. Man legt Wert auf Stil – weiße Leinentischdecken und floristische Arrangements unterstreichen die elegante Note. Auch deshalb hat sich das Crab schnell als neue kulinarische Adresse der feinen Gesellschaft und der Gäste des nahen Hotels Capo d'Africa etabliert.

ZIMMER MIT AUSSICHT

8 Hotel Capo d'Africa

132

FLEISCHESLUST

9 Le Naumachie

Via Celimontana 7

Wenn es so etwas wie Institutionen in Celio gibt, dann gehört auch Le Naumachie dazu. Hier erfüllt man Ihre Sehnsüchte nach Fleischigem: Filetsteaks und Roastbeef serviert man mit einem klassischen *contorno* (Beilage) von Kartoffeln und Gemüsen der Saison. Eine absolute Offenbarung ist die Spezialität des Hauses: *fettuccine Naumachie* mit einem langsam gekochten Ragout nach einem Rezept der Großmutter von Besitzer Alfredo Micheli. Die himmlischen Desserts, etwa feines Gebäck, gefüllt mit Schlagsahne und Schokolade, runden das Essvergnügen ab. Ein lebensfrohes Publikum – Künstlertypen, Spieler des römischen Fußballclubs und des lokalen Basketballteams Virtus – findet sich hier zu lässigen Tafelrunden ein. An Wochenenden kann es auch recht voll werden, sodass man dafür besser vorbucht.

GÖTTLICH

10 Divinare

Via Ostilia 4

Unter den rustikaleren Trattorien und den im Gladiator-Look dekorierten Pubs, die überall in Celio zu finden sind, ist diese behagliche Weinbar ein geradezu perfekter Ort für einen »ruhigen Abend«. Über Jahre war Divinare eine einfache Weinkneipe der Einheimischen, wo der Wein direkt aus den Fässern in die Gläser floss und an einfachen Tischen ebenso einfache Speisen aufgetragen wurden. Inzwischen hielt ein gepflegter Bistrostil Einzug. Die Weinkarte ist auf mehr als 700 Eintragungen angewachsen – bis zur Decke reichen nun die Flaschenregale. Leichte Gerichte wie Salate, Carpaccios, feine Käse und geräucherter Schinken liegen auf der Linie der Enoteca-Philosophie. Und die Lust nach Süßem erfüllen exzellente Schokoladenpralinen zum Espresso, der, zubereitet in einer wahren Antiquität, in Ihnen die nötige Power für den bevorstehenden Abend mobilisiert.

KÜHLE SCHATTEN, GELÖSTE STIMMUNG

11 Villa Celimontana

Via della Navicella

Mitten im Hauptstadttrubel durchatmen ... Was der Central Park für New York, ist im Kleinen Villa Celimontana für Rom. Dieser herrliche Renaissancegarten liegt an der Via della Navicella gegenüber der Kirche Santo Stefano Rotondo. Gleich am Eingang begrüßt der einem Boot nachempfundene Brunnen, die Navicella, die Besucher. Papst Leo X. hatte ihn 1513 in Auftrag gegeben. Einst Villa Mattei genannt, erfuhr das Gelände 1553 im Auftrag der Herzöge Mattei eine maßgebliche Umgestaltung. Aus Weingärten entstand ein klassischer Renaissancegarten mit Palmen und exotischen Gewächsen. Innerhalb des Parks entdeckt man auch einen Obelisken und Reste römischer Fundamente. Außerdem genießt man einen herrlichen Blick über den Circo Massimo und den in den 1960er-Jahren entstandenen Sitz der FAO. Ein außergewöhnliches Erlebnis während des Sommers sind die bekannten Jazztage, wenn internationale Sänger und Musiker unter Palmen ihren Auftritt haben und melancholischer Sound den Park erfüllt. Mit Gastspielen von Keith Jarrett und Lou Reed bis hin zu Roberto Gatto aus Rom selbst präsentiert das Jazzfestival ein hochkarätiges und reizvolles Programm. Während der Veranstaltung etablieren die besten Clubs und Bars der Stadt sogar »Außenposten« im Park – für die Jazz-Aficionados und die junge, quirlige Partyclique.

ZIRKEL DER SCHÖNHEIT

12 Santo Stefano Rotondo

Via di Santo Stefano Rotondo

Was ist schön? Konventionelle Vorstellungen wirft Santo Stefano Rotondo schnell über den Haufen, zum einen durch seine kreisförmige Architektur, zum andern durch eine makabre Innengestaltung. Schon im 5. Jh. auf den Überresten von Neros großem Markt, dem Macellum magnum, erbaut, bestand das Gebäude ursprünglich aus drei konzentrischen Kirchenschiffen. Diese waren durch antike Säulen voneinander getrennt. Im Zuge einer Restaurierung unter Papst Nicholas V. zog man eine Wand um das äußere Säulenrund und veränderte damit die Dimensionen. Die Wände überziehen 34 verblasste Fresken, die im 16. Jh. von Pomarancio und Antonio Tempesta geschaffen wurden. Sie stellen die Leiden der christlichen Märtyrer dar. Abgehackte Hände, Qualen durch heißes Öl – die Abbildungen jagen einem Schauer über den Rücken und sind dennoch faszinierend in ihrer Malweise.

Neben der Kirche liegt in einem stillen, abgeschiedenen Garten ein kleines Haus. Es wird vermutet, dass dort im 16. Jh. der Komponist Palästrina arbeitete – in einer bis heute inspirierenden Umgebung.

Style-Adressen

TALISKER
MACALLAN
12
MACALLAN
7

Schlafen

Auch Rom wurde vor nicht allzu langer Zeit von der Welle der Boutiquehotels erfasst, bietet aber aufgrund seiner markanten Persönlichkeit eine höchst individualistische Interpretation modernen Designs. Der Minimalismus konnte in diesem grandiosen barocken Szenario nie wirklich Fuß fassen. Und trotzdem genießen Besucher eine stilistisch überwältigende Auswahl, ob sie sich nun für den ausgefallenen Stilmix der Casa Howard, das palastartige Ambiente der Wine Academy oder das kühle, ultramoderne Ripa Hotel entscheiden. Die meisten der hier porträtierten Unterkünfte stehen in der Phalanx der Newcomer. Sie folgen dem Trend der »jüngeren« Hotellerie, die – im Gegensatz zu den etablierten Grandhotels – nicht unbedingt auf Zentralität setzt. Vielmehr will sie Gefühl und Erfahrung vermitteln, dem Alltag erfolgreich entfliehen zu können.

Hotel Art 118
Palazzetto – International Wine Academy 120
Casa Howard 122
Relais Banchi Vecchi 124
Ripa Hotel 126
Aleph Hotel 128
SAS Radisson Rome 130
Hotel Capo d'Africa 132

SCHLAFEN MIT STIL

14 Hotel Art

46 Via Margutta 56

Zimmer ab € 340

Abseits des unablässigen Moderummels der Via del Babuino döst in friedlicher Stimmung die Via Margutta, ein Fußgängersträßchen, das in den 1950ern »an die Öffentlichkeit trat«. Hier lebte Federico Fellini, und hier hatten viele Künstler ihre Ateliers, wenngleich die interessanteste Kunst heute eher in den nahen Auktionshäusern als in den Kunstläden entlang der Straße zu entdecken ist.

Der Eingang zum Hotel Art ist ein Paradebeispiel der Zurückhaltung, lässt man auf dem Weg über die weiß gekalkten Kiesel den Blick über die Fassaden schweifen. Der Name des Hotels zitiert den Geist der Straße und die künstlerische Ausgestaltung seiner öffentlichen Bereiche, darunter Enzo Catellanis Lichtinstallation am Eingang. In der Lobby fungieren zwei futuristische weiße Kunstharz-»Blasen« als Rezeption und Büro, während die alten Gewölbe in tiefem Kobaltblau mit goldenen Sternen erstrahlen. Da das Gebäude einst als Kapelle errichtet wurde und unter Denkmalschutz steht, war das römische Architektenbüro Sycamore vor die fordernde Aufgabe gestellt, die historischen Bauelemente in ihren unverkennbaren Stil eines nüchtern-zeitgenössischen Designs einzubinden. Religiöses und Profanes verschmelzen an dem unter einer Glasscheibe geschützten Marmoraltar hinter dem Bartresen, von wo aus das Frühstück und kleine Gerichte in einem Teil der Lobby serviert werden. Die herzhafteren Gerichte tischen, nur wenige Schritte vom Hotel entfernt, Margutta Vegetariano (S. 138) ebenso wie die Osteria della Frezza (S. 144) auf.

Farbe bestimmt in ganz außergewöhnlicher Weise das Hotel – bereits jeder Flur zu den Gästezimmern erstrahlt in Blau, Orange, Gelb oder Grün. Auf Lichtbändern im Fußboden liest man Verse der Dichter García Lorca und Octavio Paz. Die Gästezimmer selbst besitzen eine angenehme Größe und vereinen Aufmerksamkeit für Details – die Kopfteile der Betten aus handgenähtem Leder, Klimaanlage, Parkettböden – mit einer wohltuend privaten Atmosphäre. Winzige Fliesen in leuchtenden Farben schmücken die Bäder und unterstreichen ihrerseits die Verbindung zum Farbkonzept der Flure.

PALASTATMOSPHÄRE

14 Palazzetto – International Wine Academy of Roma

49 Vicolo del Bottino 8

Zimmer ab € 200

Romantisch erhebt sich ein honigfarbener Bau aus der Zeit der Wende zum 20. Jh. über die Kaskade der Spanischen Treppe. Hinter der vierstöckigen Fassade des Palazzetto verbergen sich vier luxuriöse Zimmer. Im Besitz von Roberto Wirth aus dem nahen Hotel Hassler Villa Medici, dient er u. a. als Nobelherberge für Besucher der International Wine Academy, die am frühen Abend Weinproben auf der grandios gelegenen Dachterrasse des Hauses veranstaltet. Unabhängig davon schätzen die Gäste dieses Stadthotels seine heimelige Atmosphäre und das erlesene Dekor weniger Einzelstücke. Dezente neutrale Farben prägen die Räume, obwohl die Betten ein Schauspiel schwelgerischen Luxus darbieten: bedruckte Samtüberwürfe, Leinenbettwäsche und Staffeln schimmernder Taftkissen. In den Minibars stellen sich Italiens Weinlandschaften vor.

Zum Essen bietet sich den Gästen eine verlockende Vielfalt. Beginnen Sie in der holzgetäfelten Bibliothek mit einem Happen Geistesnahrung aus der umfangreichen Weinliteratur. Daneben sind die Schaukästen wohl bestückt mit Flaschen aus aller Welt. Die Wine Bar, auch Salon genannt, im ersten Stock pflegt einen förmlicheren Stil. Hier zaubert Antonio Martucci einen Teller Mozzarella oder römischen Schinken *(coppa)* herbei oder einen köstlichen Artischockensalat. Ein Kamin und gemütliche Fauteuils verbreiten zusammen mit einem Schachspiel Clubatmosphäre. Bei gutem Wetter wird das Frühstück im efeuüberrankten Garten zu Füßen einer Bacchusstatue aufgedeckt.

Der Service ist sehr diskret, aber auf Wünsche hin prompt zur Stelle. Alle Gäste erhalten Hausschlüssel, sodass sie rund um die Uhr ein und aus gehen können – der Weg allerdings führt über die Dachterrasse! Filmkenner könnten auf der schmiedeeisernen Treppe ein Déjà-vu-Erlebnis haben, spielte sie doch eine Rolle in Bertoluccis Film *L'Assedio* (»Der Belagerungszustand«, 1998) mit Thandie Newton. Ob Sie lieber durch die schicken Shoppingstraßen rund um die Spanische Treppe schlendern oder Ihre eigene Rom-Fantasie ausleben wollen, hier öffnet man Ihnen die Türen zum intimen Palazzo-Erlebnis.

EXZENTRISCH AUFREGEND

14 **Casa Howard**

67 Via di Capo Le Case 18

Zimmer ab € 160

Nur einen Steinwurf vom Shoppingdorado der Piazza di Spagna entfernt, liegt diese originelle Pension, die eigentlich aus zwei getrennten Palazzi besteht. Hier residieren Sie sehr privat in luxuriösen Räumen mit einer aufmerksamen Hausdame. Besitzer des schmucken Ensembles sind die aus Großbritannien stammende Jennifer Howard und ihr Ehemann Graf Massimo Leonardi di Casalino. Abgesehen von der Parallele zum Namen der Dame des Hauses ließe sich auch ein Bezug zu E. M. Forsters Roman »Howard's End«, dessen Verfilmung in Italien als »Casa Howard« in den Kinos lief, herstellen.

Der Palazzo in der Via di Capo Le Case offeriert nur fünf Gästezimmer, jedes davon mit Parkett, Kassettendecken, Ölgemälden der Familie und Antiquitäten ausgestattet. Benannt wurden sie nach dem jeweiligen Motto der Einrichtung wie das »Chinesische Zimmer«, dessen Stoffe aus dem Haus Shanghai-Tang in Hongkong kamen. Das »Weiße Zimmer« prägen schwarz-weiße Toile-de-Jouy-Stoffe mit roten Verzierungen. Nicht jedes Zimmer verfügt über ein eigenes Bad. Wer über den Flur wandeln muss, wird dafür mit Slippern und Kimono ausgestattet. Ein kleiner türkischer Hamam sorgt für wundervolle Entspannung nach einem anstrengenden Tag der Besichtigungen.

Das zweite Haus eröffnete das Ehepaar 2002 in der Via Sistina. Dort ging der durch das nahe gelegene Hotel de la Russie bekannte römische Designer Tommaso Ziffer ans Werk. Seine Handschrift verrät der unverhohlen maximalistische Stil der Zimmer, die dennoch so behaglich wirken wie alles in der Casa Howard. Das Zimmer »American Cousin« trifft den Geschmack etablierter Junggesellen: großer Flachbildschirm, Internetanschluss und modernes, glänzend schwarzes Mobiliar, während »Zebra« mit den schwarz-weißen Mustern vor rotem Grund (Wände, Teppichboden) eine Überdosis sinnlicher Reize verspricht. Das Frühstück wird Ihnen aufs Zimmer serviert: warme Croissants mit selbst gemachter Marmelade vom Gut der Leonardis in der Toskana. Am gut gefüllten Kühlschrank in der Halle dürfen sich alle Gäste bedienen.

BED & BREAKFAST DER GEHOBENEN KLASSE

46

Relais Banchi Vecchi

23 Via dei Banchi Vecchi 115

Zimmer ab € 125

In Roms Centro Storico eine schöne Frühstückspension zu einem angemessenen Preis zu finden bereitet meist Kopfzerbrechen. Daher ist das neue Relais Banchi Vecchi eine willkommene Bereicherung. Es verbirgt sich hinter einer massiven hölzernen Tür in der charmanten Via dei Banchi Vecchi, wo, nur ein paar Schritte von der Via Giulia entfernt, viele Handwerker ihre Werkstätten und Ateliers besitzen. Der offizielle Eingang liegt nicht weniger verborgen im Vicolo del Pavone. Eingerichtet in einem Palazzo der Familie Sforza-Cesarini, vereint das Relais Banchi Vecchi die private Atmosphäre einer Frühstückspension mit der Grandezza des Lebenstils einer römischen Adelsfamilie. Die Managerin, die sehr stilbewusste ehemalige Konzertpianistin Milena Stojkovic, führt das Unternehmen geradezu perfekt und wird für Sie den Transport zum Flughafen ebenso arrangieren wie ein erlebnisreiches Dinner.

Die vielschichtige Geschichte des Hauses offenbart sich in den kleinen, aber stimmungsvollen Zimmern: in freigelegten römischen Mauern, mittelalterlichen Balken, Fußböden aus dem Holz der Kokospalme und beim Blick aus den großen Fenstern hinaus zur Via dei Banchi Vecchi oder über den Innenhof am Vicolo del Pavone. In den großen Bädern gefallen die mit Marmor verkleideten Waschbecken und Terrakottaböden. Geschickt drapierte rote Vorhänge, bestickte Bettüberwürfe und einige antike Fauteuils aus dem 19. Jh. sind Ausdruck zurückhaltender Verspieltheit in einer ansonsten angenehm schlichten Gestaltung. Dazu gehören auch Piranesi-Drucke der römischen Ruinen als Wandschmuck. Das Relais Banchi Vecchi will kein Grandhotel sein, aber es verströmt Charme und trumpft mit seiner Lage, auch durch seine Nachbarschaft zur exzellenten Enoteca Il Goccetto (S. 56) und dem so preiswerten wie guten Restaurant Boccon Divino (S. 56).

ULTRAMODERN

64 **Ripa Hotel**

15 Via degli Orti di Trastevere 1

Zimmer ab € 420

Ehe Aleph, ES (heute SAS Radisson Rome) und Hotel Art eröffneten, war das Ripa Roms einziges Hotel, das höheren Ansprüchen an eine zeitgenössische Ästhetik genügte und daher von designbewussten Reisenden als »Geheimtipp« gehandelt wurde. Auch nach Jahren hat sich das von Jeremy King und Riccardo Roselli kühn designte Hotel seine Individualität und Position bewahrt – dank der gelungenen Melange gewagt-futuristischer Formen und einer Atmosphäre der Behaglichkeit. In den in Grau und Weiß gehaltenen Schlafbereichen stehen große Betten auf Teppichböden mit Kieselmuster. Außerdem gibt es offene Hängemöglichkeiten für Kleidung, aber keine Schränke. Die rundum weißen, von den Sixties inspirierten, mit vielen Rundungen gestalteten Bäder sind der Inbegriff von Hightech und Eleganz. Der Stil dieses Hotels ist Meilen entfernt von den herkömmlichen Nobelherbergen und ihrem goldglänzenden Palazzoambiente. Und ähnlich extravagant gibt sich Ripas Klientel. Zimmer 806, die neue Präsidentensuite, mit ihrem in Weiß und Silber gehaltenen, kokonförmigen Schlafbereich, zwei Balkonen und einem überdimensionalen Jacuzzi gilt als der neue Favorit der Glamourpeople in Partystimmung.

Im Riparte Café, man nennt es hier »risto-bar«, finden auf den hellen Holzstühlen etwa 150 Personen angenehmen Platz, um ein erlesenes, leichtes Menü zu genießen. Die Produkte dazu stammen aus Le Roscioline, dem landwirtschaftlichen Anwesen des Besitzers. Viel Wärme verströmt die Bar mit ihrem dunklen Holzfußboden und den terrakottafarbenen und weißen Wänden, wo zeitgenössische Kunstwerke Interesse wecken. Suite (S. 70) nebenan zählt zu den festen und beliebtesten Adressen der Clubfreaks der Stadt. Zwar noch in Trastevere, aber schon etwas abseits gelegen, charakterisieren die Nachbarschaft des Ripa eher Betonklötze als barocke Kirchen. Dennoch erreicht man das historische Zentrum der Stadt gut zu Fuß, und der Flohmarkt der Porta Portese (S. 70) lockt mit schrägem Ambiente und ausgefallenen Schnäppchen.

IM SIEBTEN HIMMEL

14 **Aleph Hotel**

73 Via di San Basilio 15

Zimmer ab € 350

»Eine Reise durch himmlische Orte und voller sündiger Freuden«, beschreibt der amerikanische Designer Adam Tihany das Hotel, das er 2003 für die Boscolo-Gruppe gestaltete. Bekannt wurde er nicht zuletzt durch das Design der Restaurants Le Cirque 2000 in New York und Foliage in London. Das Aleph verkörpert seinen opulenten Stil in der Kombination zeitgenössischer Klarheit und sinnlicher Untertöne. Es gehört zu Roms atmosphärischsten Plätzen, um sich für ein paar Stunden in seinen Träumen zu verlieren – oder sogar tagelang. Die Adresse der VIPs erwählte sich auch Emanuele Filibert, der Sohn des im Exil lebenden italienischen Thronerben, für seine Hochzeitsfeier. Zudem scheint es, als inspiriere das Aleph eine Design-Renaissance in seiner altertümlichen Umgebung, nicht zuletzt in deren Hauptader, der Via Vittorio Veneto, wo »La dolce vita« à la Federico Fellini längst zum Schatten ihrer selbst verblasst war.

Himmel und Hölle, das Thema der Kontraste, prägen die öffentlichen Bereiche des Hotels. Zwei überdimensionale Samurai-Figuren begrüßen am Eingang die Gäste, deren Ankunft auf einen riesigen Plasmabildschirm übertragen wird. Üppige rote Draperien wallen in geheimnisvollen Ecken, und ausladende weiße Sofas unterstreichen die Wirkung des schwarz gekleideten Personals, immer aufmerksam, Ihnen auch den kleinsten Wunsch zu erfüllen. Von der Decke hängt eine riesige Glocke, während im Innenhof zwei Würfel baumeln: Sinnbilder der Gefahren der Versuchung.

Eine gelöste Atmosphäre der Entspannung prägt die Gästezimmer: weiche Blau- und Cremetöne, Schwarz-Weiß-Aufnahmen römischer Straßenszenen, die Tihanys Sohn Bram fotografierte, Lüster aus Muranoglas und leichte Jalousien aus Metallperlen. Die sechs Suiten dann sind der Inbegriff von Luxus: Bäder in Onyxmarmor, private Dachterrassen und Jacuzzis im Freien. Da das Gebäude ursprünglich als Bank errichtet wurde, besitzt es einen gewaltigen Tresorraum, den man in einen Ort der Ruhe verwandelte – gleich neben dem kleinen, »Paradies« genannten Spa-Bereich.

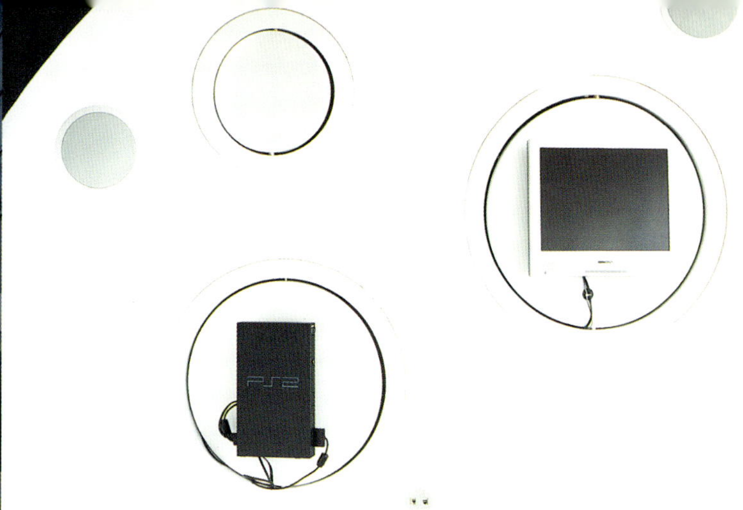

NICHT NUR FÜR BAHNFREAKS

92 **SAS Radisson Rome**

12 Via Filippo Turati 171

Zimmer ab € 160

Das SAS Radisson Rome (vormals ES Hotel) ist die architektonische Entdeckung bei der Einfahrt der Zuges nach Roma Termini: eine markante gebogene Silhouette im Kontrast zu den gefälligen Barockkuppeln im Antennenwirrwarr. In Metropolen wie London oder New York würde das siebenstöckige, moderne Gebäude nicht im Geringsten auffallen – aber in der italienischen Hauptstadt. Dabei trägt es mediterrane Züge, angefangen bei der Dachterrasse mit dem Pool und den atemraubenden Ausblicken auf die Frascati-Berge. Das Hotel ist eine Schöpfung von King & Roselli, dem Team hinter dem erfolgreichen Konzept des Ripa Hotel in Trastevere. Seine Lage am Esquilin macht es umso reizvoller, als dies Roms junges aufstrebendes In-Viertel ist.

Der erste Schritt ins Innere überwältigt: eine lichtdurchflutete Lobby, eine strahlende Rezeption, Cappellini-Sitzgruppen des Designers Jean-Marie Massaud. Überzeugen die 235 Zimmer durch exquisite Design-Details, kommen die 27 Suiten im Speziellen auch den Bedürfnissen internationaler Geschäftsreisender entgegen. Eine geniale Idee sind etwa die zusammenklappbaren Betten, die Raum schaffen für eine Besprechungszone, eigene Terrassen mit Olivenbäumen und »Thinking Man's chairs« von Jasper Morrison. Ein Gag sind die Badewannen, die nur durch einen Vorhang vom Schlafbereich getrennt sind. Sette nennt sich das Restaurant im siebten Stock mit einer großen einsehbaren Küche, dem ausladenden Tresen aus fein poliertem Holz und Stühlen von Sawaya & Moroni. Glastüren öffen sich hinaus zur Dachterrasse, dem einladenden Deck der Entspannung am Pool. Hier haben auch Nichthotelgäste über eine besondere Clubmitgliedschaft Zugang. Von der Bar Zest (S. 99) fällt der Blick auf den jüngst renovierten Bahnhof Roma Termini, ein Werk Angiolo Mazzonis aus den 1930er-Jahren. Weit ältere Funde kamen beim Bau des Hotels zutage, sodass der Eingangsbereich heute noch Teil einer Grabungszone ist. Man plant hier eine archäologische Stätte im Rahmen der Maßnahmen zur Wiederbelebung des Esquilin.

ZIMMER MIT AUSSICHT

106 **Hotel Capo d'Africa**

8 Via Capo d'Africa 54

Zimmer ab € 270

Noch bis vor ein paar Jahren wäre eine Unterkunft in Kolosseum-Nähe nicht gerade eine aufregende Wahl gewesen, aber seit sich Celio zu einem quirligen Nightspot aufgeschwungen hat, profitieren die Gäste von der bemerkenswerten Quantität guter Restaurants und Bars. Berühmtheiten wie die Schriftsteller Banana Yoshimoto und Nobelpreisträger John Coetzee, die zum Literaturfestival in Rom weilten, trugen sich schon ins Gästebuch ein. Ferner veranstalteten Lou Reed und Laurie Anderson nach Auftritten beim Jazzfestival in der nahen Villa Celimontana (S. 113) unvergessliche Partys auf der Terrasse ihrer Suite.

Der britische Architekt Harry Gregory von ARA Design verquickte hier gefühlvoll eine designbewusste Linie mit ursprünglichen Elementen. Das ockerfarbene Gebäude aus dem Jahr 1900 entstand als Konvent. Bis heute sind einige frühe Strukturen, so etwa das schmiedeeiserne Geländer im Treppenhaus und alte Steintreppen, erhalten. Hohe Decken, Gemälde und Installationen italienischer Künstler, z. B. von Paolo Canevari und Mariano Rossano, charakterisieren die öffentlichen Zonen. In der Lobby platzierte man bemerkenswerte Artemide-Lampen zwischen heidelbeerblauen Sofas von Antonio Bonacina. Aber ebenso tragen die geflochtenen Stühle zur freundlichen, lockeren Atmosphäre bei. Neben der Rezeption in Glas und Marmor liegt die offen gestaltete Bar Centrum. Ihre Spezialität: Whiskeys, Zigarren und Cocktails, die hier klingende Namen wie Caput Mundi oder Colosseum tragen.

Die 65 Zimmer sind von unterschiedlicher Größe, doch allesamt bewusst zurückhaltend im Dekor. Warmes Ocker, Safrangelb und ein weicher Sandton bestimmen die Farbpalette des Hauses, bilden den Rahmen für stilvolle Details wie die Kopfteile der Betten in hellem Holz, rote Ledersessel und Bäder mit Stuckverzierungen. Vom Frühstücksraum im obersten Stockwerk aus genießen die Gäste den unvergleichlichen Blick über Celio, Kolosseum und Parco Oppio. Verbringen Sie hier einmal die Abendstunden auf der Terrasse inmitten von Zitronenbäumchen, Kletterrosen und silbrig schimmernden Olivenbäumen.

Menu

Essen

Die Küche der Römer hat sich längst von ihren einfachen, üppig-deftigen Wurzeln in der »cucina povera«, der Armeleuteküche, entfernt und entzückt heute mit einigen der besten Restaurants in ganz Italien und sogar Michelinsternen. Den Köchen stehen erstklassige Produkte zur Verfügung, ob sonnenverwöhnte Gemüse oder frischer Fisch von der nahen Küste, und so dreht sich hier alles um den Geschmack – und weniger um raffinierte Techniken wie bei den ambitionierten Nachbarn. Eine junge Generation von Küchenchefs und Gastronomen setzt sich für eine Rückbesinnung auf traditionelle Rezepte ein, denen sie dennoch eine moderne Nuance verleihen. Ebenso legen sie Wert auf die Herkunft der Zutaten und haben damit kleinen Produzenten neue Chancen eröffnet. Neben den innovativen Jungen hat jedoch die alteingesessene Hosteria und Trattoria ihren angestammten Platz in den Herzen und Mägen der Römer.

Antico Arco 136
L'Altro di Mastai 136
Checchino dal 1887 137
San Teodoro 137
Margutta Vegetariano 138
Cul de Sac 138
Hostaria dell'Orso 139
Enoteca Ferrara 139
Alberto Ciarla 140
Roscioli 140
Supperclub 141
La Campana 142
La Rosetta 142
Sora Lella 143
Al Bric 143
Osteria della Frezza 144
Agata e Romeo 145
Baba 146
Uno e Bino 147
Trattoria 147

GESCHLIFFENER SERVICE

46 **L'Altro di Mastai**

27 Via Giovanni Giraud 53

Küchenchef Fabio Baldassare zählt zu den aufsteigenden Kometen am kulinarischen Firmament. Er arbeitete mit Heinz Beck, dem kreativen Geist des La Pergola im Rome Cavalieri Hilton, das als Roms bestes Restaurant gilt, ferner mit Raymond Blanc im Le Manoir aux Quat' Saisons in Great Milton/Oxford. L'Altro di Mastai ist die angesagte Adresse im Umfeld der Piazza Navona – und Ihr glamouröser Auftritt das passende Match zum luxuriösen Interieur in weichen Gelb- und tiefen Rottönen. Baldassares Küche folgt den Maximen einer innovativen italienischen Schule, sodass die Karte in regelmäßigen Abständen entsprechend der Saison wechselt. Das zarte Schwertfischfilet garnieren eine Orangensauce, feines Püree vom Blumenkohl und marinierter Seebrassenkaviar, während eine Sauce von Wildspargel und Shrimps Aroma auf die Spaghetti zaubert. Selbst gebackenes Brot, Gebäck, Petits Fours und ein Käsewagen garantieren ein Gourmeterlebnis höchsten Rangs. Der Weinkeller ist nicht weniger beeindruckend – lassen Sie sich vom Sommelier auf eine Reise durch 1000 italienische und französische Marken begleiten.

MODERNE KLASSIKER

64 **Antico Arco**

3 Piazzale Aurelio 7

Einer der schönsten Spaziergänge führt zum Antico Arco hoch oben auf dem Gianicolo unmittelbar hinter dem Arco de San Pancrazio. In der grünen Idylle belohnen für alle Anstrengung herrliche Ruhe, Kühle, ein warmherziger Empfang und göttliche Speisen. Die Besitzer Patrizia Mattei, Domenico Calio und Maurizio Minelli haben allesamt keinen gastronomischen Hintergrund, etablierten das Antico Arco aber als feste Größe in Roms kulinarischen Koordinaten. Die Karte wechselt entsprechend den saisonalen Zutaten, die die Küche genial komponiert. Den römischen Klassiker *spaghetti cacio e pepe* (mit Käse und Pfeffer) veredeln sie mit einer Sauce von Zucchiniblüten, während ein warmer Salat vom Hummer und köstlichen Riesengarnelen durch Gazpacho und Thai-Reis abgerundet wird. Für das Interior-Design wählte der römische Architekt Tatà Gallo neutrale Farben und Möbelklassiker der Moderne. Im eindrucksvollen Weinkeller lagern 1200 Flaschen aus aller Welt; eine hervorragende Auswahl offener Weine bietet die kleine Bar am Eingang.

ROMANTISCHE DINNERSTUNDEN

64 San Teodoro

32 Via dei Fienili 49–51

In einer Seitenstraße der Via San Teodoro verbirgt sich ein stiller, mittelalterlicher Winkel, der auch mit seinen Ausblicken auf das Forum Roms Vergangenheit aufleben lässt. Aber Giorgio Cialone, der Besitzer des San Teodoro, ist ein Mann der Gegenwart und hat alles darangesetzt, hier einen Tempel der anspruchsvollen mediterranen Küche zu schaffen. Ziegelgewölbe, luftige Bögen und die Terrakottatöne der Wände harmonieren perfekt, eine elegante und trotzdem warme Atmosphäre aber evozieren die abstrakten Kunstwerke ebenso wie die kunstvollen Blumenarrangements. Für eine romantische Verabredung bietet der Patio das perfekte Ambiente – an warmen Sommerabenden beginnt die wundervolle Verführung schon mit den Duftwolken des rankenden Jasmins ... Chefkoch Luciano Zaza setzt sie fort mit Gerichten wie Spaghetti mit Garnelen, gehobeltem *pecorino di fossa* und Zucchiniblüten, einem göttlichen Oktopus-Carpaccio mit Paprika, Ravioli gefüllt mit roten Zwiebeln und einem kurz gebratenen Thunfisch mit Pancetta. Die Weinkarte ist hier so makellos wie der Service.

»DAS FÜNFTE VIERTEL«

80 Checchino dal 1887

14 Via di Monte Testaccio 30

Die Brüder Mariani führen dieses elegante Restaurant im Bistrostil, das für seine Gäste eine Weinkarte der Spitzenklasse bereithält – und eine typisch römische Auswahl an Speisen, die sich wie ein Anatomiekurs über das Rind liest. Das Checchino dal 1887 ist benannt nach Großvater Francesco. Dort kostet man die Küche der Haushalte des nahen Schlachthofes, dessen Arbeiter *il quinto quarto*, das »fünfte Viertel«, zur Aufbesserung des Lohnes in Form von Naturalien bekamen. Innereien, Kopffleisch, Ochsenschwanz und Füße gehören zu den Zutaten der deftigen Gerichte. Für zarter besaitete Naturen bietet die Karte Feineres wie *saltimbocca alla romana* (Kalbsschnitzel mit Schinken und Salbei) oder *agnello alla cacciatora* (Lamm Jägerinart geschmort mit Chili und Rotwein). Die Keller erstrecken sich bis in den Monte dei Cocci, einen Hügel, der erst im antiken Rom aus den Scherben von Amphoren entstand (S. 81). Und da die Brüder Mariani sich als Liebhaber großer französischer und italienischer Weine bezeichnen, lohnen die Gewölbe durchaus einen Besuch.

VEGETARISCHE HÖHENFLÜGE

14 **Margutta Vegetariano**

45 Via Margutta 118

Römer können in ihren kulinarischen Gewohnheiten über die Maßen konservativ sein. Sie schätzen ihre herkömmliche Speisenfolge mit der Pasta als erstem Gang, gefolgt von einem Fleischgericht. Aber Claudio Vaninis vegetarisches Restaurant, das erste in Rom überhaupt, konnte sogar die eingefleischten Fleischesser bekehren. Das Geheimnis dazu liegt in der Küche verborgen: bei den Gemüsebällchen in Tomatensauce, knusprigem braunem Reis mit Ingwer, duftenden Bohnenkernen und Blumenkohlterrine, gefolgt von lukullischen Desserts wie Zitronencreme mit Beerenfrüchten. Die Innengestaltung trägt das Ihre zur entspannenden Atmosphäre des Lokals bei – die Wände in strahlenden Farben und interessante Kunst wecken Aufmerksamkeit. Legen Sie einmal zum Lunch einen Stopp ein und nehmen Sie Platz in einer der Fensternischen, um die Antiquare und Künstler, die in der pittoresken Straße arbeiten, beobachten zu können.

ALTEINGESESSENE ENOTECA

46 **Cul de Sac**

39 Piazza di Pasquino 73

Eher ein Ort, der die Augen öffnet, als eine Sackgasse, bietet das Cul de Sac 1500 verschiedene Weine, kredenzt mit einer eindrucksvollen Palette kalten Fleischaufschnitts, feiner Pasteten, Käse, Suppen und Pastagerichten. Diese wunderbare, kleine *enoteca* besteht seit etwa 1977. Die Weinkisten über dem Marmortresen kreieren den Hauch von Retro-Feeling in dem rundum gemütlichen Etablissement, wo zu Mittag Hochbetrieb herrscht, wenngleich eine junge Klientel auch den Charme der Dinnerstunden im Cul de Sac entdeckt hat. Das nicht im Haus zubereitete Essen ist frisch und schmeichelt dem Gaumen: griechischer Salat, geräucherter, fein salziger Schwertfisch und ein reifer norditalienischer Taleggio-Käse, der aus seiner Rinde fließt. Die Weine jedoch sind die Stars – das Personal kennt die optimalen Begleiter zu den Spezialitäten: edle Jahrgänge des Piemont, der Toskana und aus Bordeaux. Doch versuchen sollten Sie auch die Spitzenlagen Latiums. Und ein Espresso zum Schluss lässt die Aktivitäten des Nachmittags in freundlichem Licht erscheinen.

RENAISSANCE DER KLASSIKER

46 Hostaria dell'Orso

44 Via dei Soldati 25c

Eine spektakuläre Location: ein mittelalterlicher Turm unweit der Piazza Navona mit Blick auf den Tiber. Im Innern verblasste Fresken im Einklang mit modernen Elementen wie den strahlend roten Stühlen. Über Jahre waren die Mahlzeiten in der Hostaria dell'Orso eine steife Angelegenheit, bis der Mailänder Starkoch Gualtiero Marchesi (mit Lokalen in Paris, Mailand und L'Alberetta an den oberitalienischen Seen) das Zepter übernahm und sein Konzept der verfeinerten italienischen Klassiker Programm wurde. Doch die Küche seines talentierten Schülers Fabrizio Molteni stiehlt ihm bereits die Schau. Auf das Antipasto einer in Schinken gewickelten Garnele in Melonensaft folgen ein Safranrisotto und Kalbfleischfilet Rossini. Bei Fisch sollten Sie *gran piatto di pesce,* die gemischte Platte mit Dilllachs, Babycalamares, Jakobsmuscheln mit Ingwer und himmlische kalte Spaghetti in Kaviarsauce, probieren. Unter den Desserts ergötzt ein *semifreddo* mit Pfeffer und Honig oder der Baiserkuchen. Sommelier Kan Oya führt Sie durch die Weinkarte – ein Schnäppchen gibt es allerdings nicht. Und: Reservierungen sollten Sie hier wenigstens zwei Wochen im Voraus tätigen.

TRASTEVERES BESTE

64 Enoteca Ferrara

8 Piazza Trilussa 41

Mühelos hat die Enoteca Ferrara die Schar von Trasteveres mittelmäßigen Lokalen in den Abgrund der kulinarischen Bedeutungslosigkeit gepustet. Restaurant, Weinbar und Feinkostladen in einem, beherrscht sie die Ecke zwischen Piazza Trilussa und Via del Moro. Der ehemalige Klosterbau präsentiert sich in einem eklektischen Stil: Das Erdgeschoss ist in Weiß gehalten, während die Speiseräume unterschiedlich gestaltet wurden. Absolutes Glanzlicht ist der überrankte Innenhof als idealer Ort, um den *aperitivo* zu genießen. Die Schwestern Lina und Maria managen die Enoteca mit berückendem Charme: die Erste als Sommelière (850 verschiedene Weine), die Zweite als Küchenchefin, die ihr Spiel mit der Tradition meisterlich versteht. Ein klassisches Abendmenü eröffnet mit einer Fischsuppe mit Kirschtomaten vom Vesuv, ehe Kaninchen-eintopf und Schwertfischrollen Gourmetträume erfüllen. Am Tresen verlockt die Auswahl der *stuzzichini:* Pizzastückchen, gebratene Polenta, Schinken und Oliven – die schmackhaften Häppchen, um den Appetit anzuregen.

SHOPPEN UND SCHLEMMEN

46 Roscioli

5 Via dei Giubbonari 21–22a

Alessandro und Pierluigi Roscioli stammen aus einer Familie von Bäckern und haben sich jüngst an die Etablierung eines *alimentari,* eines Feinkostgeschäftes, gewagt. Zur Mittagszeit Weinbar, wandelt es sich abends zum Restaurant. An der Theke stapeln sich die kulinarischen Leckereien aus ganz Italien: saftige Schinken aus Parma, frischer Ricotta aus dem Umland Roms und riesige Laibe *caciocchiato,* ein Käse, den sie in der Region Irpinia kaufen und in eigenen Kellern in den Marken für vier Monate reifen lassen. Roscioli führt die meisten italienischen Weinproduzenten von Rang sowie ein erlesenes Sortiment von Balsamico-Essigsorten und Extra-vergine-Ölen. Die Kunden können alles vor dem Kauf probieren und werden bei der Zusammenstellung von Essen und Wein optimal beraten. Noch besser ist es, Zeit zu haben für den »Rückzug« in den hinteren Teil des Ladens und die hervorragenden Speisen von Küchenchef Paolo. Klassische Lieblingsgerichte sind die Bohnen-Pilz-Suppe mit Pecorino, gefüllter Sellerie mit Fondue, Leberpastete mit gegrillten Birnen und Marsala-Sauce und – unübertroffen – der berühmte *cappuccino di Ricotta,* die absolute Schlemmerfreude.

EXZENTRISCHES AMBIENTE

64 Alberto Ciarla

12 Piazza di San Cosimato 40

Glasfischskulpturen, dunkelrote Samtsofas und eine auf Hochglanz polierte Bar prägen das Ambiente bei Alberto Ciarla, Roms bester Adresse für Fisch. Aber die Fischmaul-Deko der 1970er spiegelt sich in keinster Weise in den feinsinnigen, raffinierten Gerichten. Alberto stammt aus einer renommierten Familie von Gastronomen und Weinbauern der Castelli-Gegend bei Rom. 1974 kam er nach Trastevere. Lange vor der modischen Sushi-Welle glänzte Alberto mit Rezepten für rohen Fisch, z. B. *crudi di pesce,* die er von seinen Reisen nach Peru und Japan mitgebracht hatte. Daneben folgt er römischer Tradition mit seinem *fritto antico,* der Mischung von frittiertem und paniertem Babytintenfisch, Calamares und Garnelen, für die das Kochbuch des Küchenchefs Papst Pius' V. als Quelle dient. Lust auf Hummer oder Riesengarnelen? Dann sollten Sie sich aus den Probiermenüs die *grande cucina* aussuchen. Das Tyrrhenische Meer inspirierte eine Speisenfolge mit Meeresfrüchten und Bohnensuppe, das Kräuterfilet von der Seebrasse oder das Menü vom rohen Fisch.

DINNERLOUNGE

46 **Supperclub**

45 Via dei Nari 14

Ebenso wie der Schwesterclub in Amsterdam bietet Roms Supperclub eine luxuriöse Lounge-Dinner-Club-Erfahrung und zieht damit eine bunte Mischung lebensfroher Traveller und römischer Partygänger an. Eingerichtet in einem Palazzo des 18. Jhs. inmitten des dunklen Gassengewirrs hinter dem Pantheon, kultiviert der Supperclub seine eigene Spielform römischer Dekadenz. Alte Balken und mit Fresken überzogene Gewölbe durchbrechen das pure Weiß der Räume. Hier suchen und genießen die Gäste eine relaxte Atmosphäre, wenn sie ihre Schuhe abstreifen, um sich auf den blütenweißen Sofas zurückzulehnen. Das Dinner besteht aus einem fünfgängigen Menü der Fusionküche mit DJ Marco Moreggias Groove-Sounds als Background. Für weitere Entspannung steht ein Shiatsu-Masseur bereit. Nach der Dinnersession steigen die Phonpegel bei sonoren House-Klängen; Gastinterpreten unterhalten mit Salsoul-Dance-Klassikern ebenso wie die Transvestitenshow. Gegen 23 Uhr beginnen die Clubnights und Spezialveranstaltungen.

ALT, ÄLTER, AM ÄLTESTEN

14 **La Campana**

31 Vicolo della Campana 18

Jede Stadt hat ihr ältestes Restaurant – in Rom nimmt diesen Status La Campana für sich in Anspruch. Seit 1518, so heißt es, serviert man in diesen Räumen Essen. Und glaubt man Livio Janattoni, der Autorität in der kulinarischen Geschichte der Stadt (und Autor zahlreicher Kochbücher), war La Campana die Königin unter den Trattorien, in denen Gastlichkeit und gute Küche vom eigenen Herd erstes Gebot waren. Das Restaurant pflegt heute einen schlichten Stil – weiße Stofftischdecken, dunkle Bistrostühle und einige Drucke von Stadtansichten an den Wänden. Hier spricht das Essen Bände. Im Frühling sollten Sie *vignarola* probieren, einen gehaltvollen Eintopf mit dicken Bohnen, Artischocken, Erbsen und Pancetta sowie *saltimbocca,* das in Schinken gewickelte Kalbsschnitzel mit Salbei. Wie in vielen römischen Restaurants serviert die Küche ein wechselndes Tagesgericht: donnerstags Gnocchi, Kutteln am Samstag und gebratenes Milchlamm mit Kartoffeln sonntags. Wenn Sie sich einen außergewöhnlichen Schmaus gönnen wollen, dann »greifen« Sie zum Fisch, der sich im Fenster präsentiert, und wählen Sie ihre Lieblingszubereitung.

TEMPEL DER MEERESFRÜCHTE

14 **La Rosetta**

11 Via della Rosetta 8

Seit seiner Eröffnung vor 40 Jahren gilt La Rosetta als ein Mekka der Meeresfrüchte. Und es war Roms erstes Restaurant, das seine Karte ausschließlich darauf beschränkte. Wenn Nachahmung das größte Kompliment ist, dann trifft dies zweifelsfrei auf La Rosetta zu, dessen Rezepte viele andere Restaurants kopierten, z. B. den warmen Rukola-Garnelen-Salat. Massimo Riccioli ist das gefeierte Talent der Küche. Charmant und bescheiden vergleicht er seine fantasievolle Küche mit einer Jamsession, »einem Akt der Improvisation, bei dem frische Zutaten zu köstlichen Kompositionen verquickt werden«. Ein Thunfischtatar und pürierte Erbsen, hausgemachte Pasta mit Auberginen, Seebarsch und schwarzen Oliven sowie Seebrasse in der Kruste beweisen seine Kunst. Ein französischer Confiseur fertigt Schokoladenkuchen und andere hinreißende Köstlichkeiten, während der Service die wahre Meisterschaft an Diskretion und Professionalität exerziert. Das hohe Preisniveau bedeutet, dass La Rosetta primär eine gut verdienende Klientel anlockt.

RESTAURANT MIT AUSBLICK

64 Sora Lella

17 Via di Ponte Quattro Capi 16

Zwischen Trastevere am einen und dem alten jüdischen Ghetto am anderen Ufer liegt friedvoll und abgeschieden die Isola Tiberina – und ist dennoch für Gourmets ein Pilgerziel dank Sora Lella, einem der meistgepriesenen (und teuersten) Restaurants der Stadt. Sora Lella war die Schwester des römischen Schauspielers Aldo Fabrizi, Star des neorealistischen Kinos und von Roberto Rossellinis Meisterwerk *Roma Città Aperta* (»Rom offene Stadt«, 1945). Sie war eine exzellente Köchin und Gelegenheitsschauspielerin. Später übernahm ihr Sohn Aldo Trabalaza das Restaurant, das in einem mittelalterlichen Turm mit Blick auf den Tiber eingerichtet ist. Schnörkellose und unprätentiöse Gerichte verraten eine hohe Kunstfertigkeit im Umgang mit Aromen, gepaart mit einem Talent zur Neuschöpfung. Bei einem unserer Besuche zur Winterzeit begannen wir mit der Spezialität des Hauses, *tonnarelli alla cuccagna* (Pasta mit Pancetta und Nüssen). Danach begeisterte *maialino in agrodolce Antica Roma* (Spanferkel in einer süßsauren Sauce mit Pflaumen, Pinienkernen und Rosinen), gedünsteterStockfisch auf Kartoffelpüree und Aldos üppiger Ricotta-Kuchen mit Bitterschokolade.

TEMPEL DER WEINGENÜSSE

46 Al Bric

14 Via del Pellegrino 51–57

Al Bric verleiht der Idee der *enoteca* neuen Glanz – in seiner kühlen, ruhigen Atmosphäre, die dazu einlädt, eine göttliche Weinauswahl zu verkosten (die Franzosen stehen ganz oben, aber auch Toskana und Piemont erhalten angemessenen Raum). Die Deckel der Weinkisten fanden in einem Wandmosaik dekorative Verwendung. Den önologischen Genuss begleiten die eleganten Geschmacksnoten der Gerichte. Land und Meer kommen gleichermaßen zum Zuge. Zu den Klassikern zählen hier Spaghetti mit Krabben, Feigen und Roquefort, ein Tatar mit Parmesan an einem Rukola-Coulis oder der Schwertfisch Stroganoff-Art mit Thymian und Tintenfisch. Die im Fenster präsentierte formidable Käseauswahl weckt unermessliche Sehnsüchte. Die Probierhäppchen der französischen wie italienischen Sorten entfalten ihr Aroma vorzüglich zu vor Ort gebackenen Brotstangen. Ferner garantieren eine Selektion von Grappas, Dessertweinen, Whiskeys, Calvados- und Cognacmarken den Ausklang eines Abends auf höchstem kulinarischen Niveau.

HOCHBETRIEB

14 Osteria della Frezza

37 Via della Frezza

Nebenan brummt das Gusto: ein Großrestaurant mit 300 Plätzen, spezialisiert auf moderne italienische Küche. Damit wollte sich die Besitzerfamilie Tudini nicht zufrieden geben und eröffnete die kleinere Osteria, deren Speisekarte eine moderne Interpretation römischer *cucina* verrät. Küchenchef Marco Gallotta, verantwortlich für beide Lokale, entwickelte eine besondere Liebe für La Frezza, wo er Klassiker wie *polpette al sugo* (Fleischbällchen in Tomatensauce) oder *rigatoni alla matriciana* (Pasta mit einer würzig-scharfen Schinkensauce) komponiert. La Frezzas größter Verdienst für die kulinarische Welt war die Präsentation des *cicchetto,* einer Auswahl kleiner Gerichte, vergleichbar den spanischen Tapas. Je nach Tagesprogramm der Küche werden die Kellner ein Potpourri winziger Portionen von Pasta, Fleisch oder Gemüsen vorschlagen, um den Gästen ein möglichst vielfältiges Geschmackserlebnis zu ermöglichen. Eine weitere Verführung ist der Käseteller, der nach den individuellen Wünschen im verglasten »Käseraum« in einer Ecke des Restaurants zusammengestellt wird. Es verwundert nicht, dass angesichts der Vielfalt von mehr als 200 Sorten aus Italien und Frankreich hier ein eigener Käsemeister am Werk ist, regelmäßig die Käse wendet, Temperatur (7 °C) und Reifegrad prüft. Dass man sich in der Osteria behaglich und gut aufgehoben fühlt, dazu tragen auch die lederbezogenen Bänke, Holztreppen und alten Schwarz-Weiß-Fotografien bei.

FAMILIENBETRIEB

92 **Agata e Romeo**

14 Via Carlo Alberto 45

Im Schatten der majestätischen Basilika Santa Maria Maggiore verbirgt sich das kleine Agata e Romeo. Angenehm zurückhaltend bleibt das Dekor, vielleicht auch um nicht abzulenken von der allseits gepriesenen römischen Küche Agata Parisellos. Kochbuchautorin, Lehrerin und TV-Moderatorin ebenso wie eine talentierte Köchin, entwickelte Agata eine Passion für traditionelle Rezepte der Region. Zugleich reizt sie die Innovation durch beständiges Experimentieren, was sie zum Maßstab für eine junge Generation von Köchen werden ließ. Das Restaurant, ursprünglich eine *osteria,* in der man nur Wein ausschenkte, dann eine Trattoria, übernahm Agata von ihrem Vater im Jahr 1980. Sie führt es heute zusammen mit ihrem Mann Romeo, einem der besten Sommeliers in Rom, und hat damit eine Erfolgsstory begründet, die von den besten Gastrokritikern bestätigt wird – zu Recht. Lassen Sie sich von einer zarten Ochsenschwanz-Sellerie-Terrine überraschen, der Pasta *cacio e pepe* mit sizilianischem Safrankäse und ihrer Spezialität *millefoglie al cucchiaio:* Millefeuille mit einer vorzüglichen Sahnesauce.

LÄNDLICHER CHARME

14 **Baba**

87 Via Casale di Tor di Quinto 1

Scheuen Sie sich nicht, in das Taxi zu investieren. Weg und Ausgaben für diese einzigartige Erfahrung lohnen sich. Nicht weit entfernt von Renzo Pianos Auditorium (S. 42) liegt das Baba in einem winzigen mittelalterlichen Dörfchen: ein altes *casolare,* ein typisches Bauernhaus mit Patio. Baba ist die Seele des Restaurants – eine imposante Persönlichkeit, grandiose Köchin und liebenswerteste Gastgeberin. Versuchen Sie vor 21 Uhr da zu sein, um von einem der schönen Tische aus Babas Läuten der Glocke als Zeichen des Dinnerbeginns nicht zu verpassen. Sie wird Ihnen die jeweilige Herkunft der Gerichte erklären, die alle mit Zutaten aus biologisch-organischem Anbau zubereitet werden. Die preislich adäquaten Festpreismenüs umfassen zwei Suppen mit Variationen je nach Saison und eine Büfettauswahl bekömmlichster Speisen, darunter Gnocchi-Pasta mit Zucchini, Fleischbällchen oder Risotto mit Melone und Schinken. Das Restaurant ist nur abends geöffnet, und die Tischreservierung sollten Sie wenigstens eine Woche im Voraus tätigen.

TRATTORIA OHNE SCHNÖRKEL

92 Uno e Bino

8 Via degli Equi 58

Entgegen seinem hochtrabenden Namen, einem Wortspiel in Zusammenhang mit »Pinocchio«, gibt sich Uno e Bino völlig unaffektiert. Gegründet 1997 von den Geschwistern Gianpaolo und Gloria Gravina, gehört das Lokal zu den Wegbereitern der *Enoteca*-Bewegung, die in der gastronomischen Landschaft der Stadt eine positive Wendung einleitete. Die sehr sorgsam zusammengestellte Weinkarte (versuchen Sie einen der sizilianischen Planeta-Weine) findet ihre Entsprechung in den schlichten und dennoch fantasievollen Speisen. Sie wechseln mit den Jahreszeiten – ausgenommen die Klassiker wie *Paccheri*-Pasta mit einer Sauce aus Schweinefleisch und Majoranricotta, geschmorte Rinderbacke in Kakao-Rotwein-Sauce, knusprige Kartoffeln und Linsencreme zu gedünstetem Stockfisch und Andrea Buscemas göttlicher *tortino di cioccolato.* Anders als seine trendigen San-Lorenzo-Nachbarn setzt Uno e Bino nicht auf supercooles Interior-Design. Dunkle Holztische mit gewachsten Papiersets oder -decken und Weinführer auf den Wandregalen schaffen eine natürlich-lockere Atmosphäre. Uno e Bino ist eine kleine Kostbarkeit, die man keinesfalls unbeachtet lassen sollte.

SIZILIANISCHE FINESSEN

14 Trattoria

21 Via del Pozzo dell Cornacchie 25

Chef Filippo La Mantia gelingt es, beneidenswertes kulinarisches Können mit einem Händchen für das Entertainment der römischen VIP-Kreise zu vereinen. In der Küche ein Autodidakt, arbeitete La Mantia als Fotoreporter, bis er den Entschluss fasste, Sizilien zu verlassen und sein Glück in Rom zu suchen. Sein neues Reich ist Trattoria, ein eleganter Ort raffinierten zeitgenössischen Designs nach Plänen der Architekten Marco und Gianluigi Giammetta. Nicht weit von San Luigi dei Francesi (S. 23) entstand es im obersten Stock eines modernen Gebäudes. La Mantia verleiht sizilianischen Klassikern eine moderne Note. So kocht er die *caponata* (süßsaures Auberginengemüse) ohne Öl, Knoblauch oder Zwiebeln, wodurch sie wundervoll leicht wird. Oder: Rigatoni mit einem Pesto aus Mandeln, Kapern, Anchovis und Semmelbröseln; Thunfisch mit Couscous, verfeinert durch Zitronen und Orangen, und natürlich Siziliens berühmteste Süßspeise, *la cassata.* Sizilien ist auch der Schwerpunkt der Weinkarte, des Käsesortiments (probieren Sie Ragusa) und der Olivenöle.

Trinken

Kaffee und Wein stillen den Durst der Stadt. Zweifellos gehört der morgendliche Cappuccino zu den am stärksten verwurzelten Ritualen der Römer – und da leistet sich kaum eine Bar einen Missgriff. Eine neuere Entwicklung sind die »enoteche«. Diese Weinbars, spezialisiert auf italienische Provenienzen, servieren oftmals auch innovative, wenngleich herzhafte Speisen. In den frühen 1980er-Jahren stellte das Enoteca-Konzept Roms Kneipenkarte auf den Kopf. Seine maßgeblichen Katalysatoren waren eine Gruppe von Weinenthusiasten, die Lokale wie das Bleve oder Cul de Sac in der Gegend der Piazza Navona eröffneten. Die neue Generation der meist von bekannten Designern gestylten Clubs und Bars pulsiert jedoch in ihrer Lust auf Entertainment und Drinks, die Spaß machen, lösgelöst von der kulinarischen Philosophie, eine optimale Harmonie zwischen alkoholischen Getränken und Speisen zu kreieren.

Il Simposio 150
Bar della Pace 151
Il Bicchiere di Mastai 151
Casa Bleve 152
Caffè Tazza d'Oro 152
Il Caffè di Sant'Eustachio 153
Caffè Greco 153
Crudo 154
Caffè Romano 154
Riccioli Cafe 155
Bar del Fico 155
Bloom 156
La Vineria Reggio 156
Bar San Calisto 157
Tazio 157
La Palma 158
Angelo Lounge Bar 158
La Maison 159

KLEIN, ABER OHO

46

Il Simposio

47 Piazza Cavour 16

Costantini zählt zu den besten Weingeschäften der Stadt. Außerdem besitzt es eine winzige Weinbar, die im hinteren Teil des Raumes in das Restaurant Il Simposio übergeht. Hier macht man kein Geschäft mit Laufkundschaft, sondern hier schätzen Kenner das schöne Art-déco-Metalldekor und das nostalgische Ambiente. Als Sommelier verantwortet Gianni Ruggiero die Selektion der Weine – etwa 30 verschiedene listet jeweils die Kreidetafel am Tresen. Auch das Essen genügt gehobenen Ansprüchen.

Der aus dem Piemont stammende Chef Alessandro Mora komponiert mit sicherer Hand klassisch Italienisches: Hummersalat mit Orangen oder Seebrasse mit Fenchel und Schalotten. Doch zweifelsohne ist der 260 verschiedene Weine umfassende Keller die Trumpfkarte. Der nahe Gerichtshof sorgt tagsüber für eine interessierte Klientel aus den Reihen der Richter und Rechtsanwälte, während sich abends das kleine Restaurant auf wundersame Weise zum Ort romantischer Tafelgenüsse verwandelt.

SCHÖNHEITSPARADE

46

Bar della Pace

35 Via della Pace 4–7

Die Jahre kommen und gehen, es bleibt die Bar della Pace – und ihre Reputation als eine der attraktivsten Bars der Stadt. Die Mauern überwuchert von wunderbaren Kletterpflanzen, liegt sie direkt neben Bramantes herrlichem Kreuzgang (S. 60). Das Interieur ist dunkel und kühl, Art-déco-Skulpturen, große Spiegel und Vasen, aus denen schwül duftende Lilien wogen. Tagsüber fungiert die Bar als freundliches Tagescafé, der Abend aber lässt die Lebensfreude aufbrodeln, wenn sich der Tresen mit peppigen Cocktails füllt und die Gäste hinaus auf die Straße drängen.

SISTER ACT

46

Il Bicchiere di Mastai

28 Via dei Banchi Nuovi 52

Unmittelbar gegenüber der größeren Schwester, dem L'Altro di Mastai (S. 136), gelegen, zeichnet sich Il Bicchiere di Mastai nicht nur durch günstigere Preise, sondern auch durch eine komplett andere Atmosphäre aus. Probieren Sie hier den würzigen roten, in der Gegend produzierten Falesco oder Castel De Paolis exzellenten Villa Adriana, eine Mischung aus Malvasier- und Viognier-Trauben. Eine hervorragende Küche garantiert Fabio Baldessare: Frischer Kabeljau auf einem warmen Tomaten-Carpaccio ist eine seiner Spezialitäten. Jeweils donnerstags treffen sich hier die Weinproduzenten aus ganz Italien zum Gelage.

DER BESONDERE KICK

14 **Caffè Tazza d'Oro**

10 Via degli Orlani 84

Allein das kitschverdächtige Dekor des Tazza d'Oro, die Holzvertäfelung, afrikanisch angehauchte Flachreliefs, Kaffeesäcke und das Logo der leicht bekleideten schwarzen Schönheit – ein Architekt der American Academy hatte es einst entworfen –, machen den Besuch hier lohnenswert. Was die »Goldene Tasse« aber zum heiligen Ort aller Kaffeefanatiker erhebt, ist der alles durchdringende Duft, den die *torrefazione,* die alte Kaffeerösterei, verströmt. Die Hausmischung des Tazza d'Oro, genannt Principe dei Caffè, basiert auf einer kräftigen Arabica-Mischung und eignet sich vor allem für einen starken Espresso. Eine Spezialität des Cafés ist die süße *granita di caffè:* gefrorener Kaffee, fein zerstoßen zu einer cremigen Konsistenz, die im Glas zwischen Lagen von Schlagsahne alle guten Vorsätze der Kalorienreduzierung zunichte macht. Das Café verkauft außerdem mit Schokolade überzogene Kaffeebohnen *(chicchi)* und einen Kaffeelikör.

IMPERIUM DER WEINE

14 **Casa Bleve**

17 Via del Teatro Valle 48–49

Ohne Zweifel, Anacleto Bleve hat Ahnung von Weinen, denn über Jahre besaß er einen winzigen Laden im alten jüdischen Ghetto (S. 74), von wo aus er mit großem Engagement und Erfolg die *Enoteca*-Bewegung in Rom anführte. Jetzt, wo er in die repräsentativeren Räume einer umgebauten Remise aus dem 14. Jh. (gegenüber dem Teatro Valle) umgezogen ist, kann er auch die Grands Crus auf Lager nehmen. Sei es ein roter toskanischer Sassicaia oder ein Sauvignon aus dem Trentino, hier zeigt sich die exzellente Qualität italienischen Weinbaus. Die hohen Decken, Arkaden und restaurierten hölzernen Stalltüren bewirken eine Atmosphäre der Leichtigkeit, und der Blick auf Kopien römischer Statuen, darunter auch ein Bacchus, sowie einen Marmorbrunnen wecken die Lust auf ein leichtes Essen vom kalten Büfett oder ein Glas (oder zwei) nach dem Dinner. Im Souterrain sieht man die Überreste einer antiken römischen Mauer und zwei Kellergewölbe, bis oben hin voll gepackt mit kostbaren Tropfen.

ERINNERUNGEN AN DIE VERGANGENHEIT

14 **Caffè Greco**

57 Via Condotti 86

Sehnsucht nach der Grandezza alter Kaffeehäuser? Dann erfüllt ein *caffè con panna* (Kaffee mit geschlagener Sahne) in einem der hinteren Räume des Caffè Greco alle Träume. Der morbide Charme der Vergangenheit liegt in der Luft, über den runden Marmortischchen, roten Samtpolstern und kostbaren Mosaikfußböden. Hübsche Schilder blinken an den Wänden neben Marmorbüsten, Art-déco-Statuetten und den Panoramaansichten der Ewigen Stadt, wie sie die Reisenden der Grand Tour vor 100 Jahren zeichneten. Dieses traditionsreiche Café war der Lieblingstreff der Literaten- und Künstlerzirkel, seit es 1742 eröffnete. Goethe, Byron und Schopenhauer zählten zu seinen illustren Gästen, die hierher kamen, um das »magische«, damals neu aus Amerika importierte Getränk zu kosten. Seine Blütezeit erlebte das Greco im 19. Jh., als die Aristokratie sich unter die Boheme mischte, um über das Leben zu philosophieren. Wie alle Bastionen vergangener Kultur zieht das Caffè Greco heute die bunte Mischung von neugierigen Reisenden und etablierten Geschäftsleuten an. Die intellektuellen Kreise haben andere »Fluchtpunkte« gefunden.

ESPRESSO VON FORMAT

14 **Il Caffè di Sant'Eustachio**

14 Piazza Sant'Eustachio 82

Darstellungen des Lebens auf den Plantagen, Kaffeesäcke und andere Dekorelemente sprechen eine deutliche Sprache: Hier widmet man sich hingebungsvoll der Kunst der Kaffeebereitung. In der Tat ist die im Sant'Eustachio servierte Mischung *gran caffè* immer noch so geheim, dass der Mann an der Bar sie hinter einer Trennwand zubereitet. Seit ihrer »Erfindung« im Jahr 1938 rätseln die Kunden darüber, was diesen Kaffee im Besonderen auszeichnet. Viele Spekulationen machen die Runde, aber das Geheimnis liegt wahrscheinlich in der Mischung der Bohnen südamerikanischer Herkunft. Stehen auch gelegentlich Touristengruppen geduldig in der Schlange vor der Türe, so lohnt der *gran caffè,* im Wesentlichen ein wundervoll cremiger Espresso, auf alle Fälle die kleine Wartezeit. Benannt nach dem römischen General Eustachius, der seine Bekehrung zum christlichen Glauben mit dem Märtyrertod bezahlte, wird das Sant'Eustachio heute von Raimondo und Roberto Ricci geführt. Leckere Souvenirs sind auch Honig, Gebäck, Pralinen und wie im Tazza d'Oro feine *chicchi.*

BAR FÜR ALLE TAGESZEITEN

14 Caffè Romano

63 Hotel d'Inghilterra, Via Borgognona 4

Die feinen Damen der Gesellschaft, erschöpfte Reisende auf Shoppingtour und Enthusiasten der ethnischen Küche – sie alle stürmen das erst vor kurzem renovierte Caffè Romano im Hotel d'Inghilterra für einen schnellen Happen, einen *aperitivo* oder einen *digestivo* zu allen Tages- und Nachtzeiten. Die dunkle Holzvertäfelung, in Terrakottatönen gehaltene Deckengewölbe sowie mächtige Säulen wirken im Ensemble elegant und schlicht, sind nicht nur cooler Rahmen für den Absacker der Hotelgäste bis in den frühen Morgen. Zum Dinner überrascht Rodolfo Chieroni mit einer kosmopolitischen Zusammenschau von Originalrezepten der unterschiedlichsten Küchentraditionen der Welt bis hin zu Indien und Japan. Aber nicht weniger brilliert er mit römischer »Hausmannskost« wie *cacio e pepe*, der Käse-Pfeffer-Pasta, der schon Woody Allen sein volles Lob zollte.

KRUDE KOST

46 Crudo

2 Via degli Specchi 6

Verführerisch schöne Frauen und coole Männer vom Typ Künstler und Lebenskünstler lieben diese erst kürzlich eröffnete Bar mit Restaurant. Ihr Name leitet sich vom »Rohkost«-Programm der Küche her – Sushi- oder Schinkenstückchen als Appetithappen oder etwas üppiger ein italienisch-japanisches Fusionmenü im Restaurant im Obergeschoss (Sashimi, Sushi und Carpaccio vom Fisch oder Fleisch). Die großzügigen Räumlichkeiten des über drei Stockwerke reichenden Palazzo aus dem 16. Jh. gaben den Besitzern reichlich Spielraum für Interiordesign, bis hin zur Bar mit einem Mix namhafter Objekte. Michele Peretto aus Turin zeichnet verantwortlich für die gesamte Farb- und Mobiliargestaltung und schuf außerdem die Wandmalereien über dem Bartresen. In den Gewölben des Souterrains trägt eine kleine Weinbar selbst den höchsten Ansprüchen der Kenner internationaler und italienischer Weinlagen Rechnung.

COOLE LOCATION

46 **Bar del Fico**

34 Piazza del Fico 24–25

Im wohltuenden Schatten eines Feigenbaumes, der trotzig zwischen den Pflastersteinen emporwächst, pulsiert das Leben in dieser Bar trotz mehrfachen Managerwechsels über die vergangenen Jahre. Ungetrübt ist ihr Ruf als eine der lebhaftesten Kneipen im historischen Zentrum der Stadt. Die dunklen Räume präsentieren sich als schräge Mischung von Zufälligkeiten, alten Kinoplakaten an den Wänden und verloren wirkenden Art-déco-Elementen wie dem Marmortresen der Bar. Vom Frühjahr bis weit in den Oktober hinein drängt sich die herausgeputzte Jugend auf dem klitzekleinen Platz bei einem Prosecco am frühen Abend oder nippt später ihren Gin & Tonic. Nachmittags genießt die Bar den langsamen Rhythmus des Viertels, spielen die Einheimischen geruhsam Schach. Als Teile des Gebäudes vor zehn Jahren einstürzten, begann man die Fassade einzurüsten. Die Renovierung ist bis heute nicht in Angriff genommen – doch auch dies passt zu der entspannten Stimmung in der Bar.

DRINKS IN DESIGNERAMBIENTE

14 **Riccioli Cafe**

23 Piazza delle Coppelle 10a

Massimo Riccioli – seriöser Besitzer des La Rosetta (S. 142) – gewährt hier seinen frivolen Launen Freiheit und kreierte im Riccioli Cafe den Mix von Loungebar, Tearoom und Restaurant, spezialisiert auf feinstes Sushi und Austern (alles aus dem Meer liefern dieselben Firmen wie im La Rosetta – und oberste Maxime im Restaurant ist: Zubereitung der Speisen vor den Augen der Gäste). Geöffnet vom Frühstück an bis 1 Uhr morgens, zieht das Riccioli Cafe vor allem trendige Shopper bei Tage und in den Abendstunden Roms gestylte Prosecco-Gesellschaft an. Unter den Renaissancegewölben manifestiert sich Massimo Ricciolis eigene Kunst in Form blauer Neoninstallationen. Das Farbkonzept von Blau und Rot führt er fort in den samtbezogenen Sitzmöbeln, an der in Stahl gearbeiteten Bar und in den extravaganten Lampen. Während der Happy Hour ist die überdachte Loungearea im Freien ideale Plattform, um Leute zu beobachten – und damit einen ereignisreichen Abend beginnen zu lassen.

BLUMIGE SCHÖNHEIT

46

Bloom

38 Via del Teatro Pace 30

Unweit der Piazza Navona öffnen sich die Türen zu einer von Roms schönsten Bars mit Restaurant. Besitzer Dario Jacobelli achtete mit höchster Akribie auf die Gestaltung, die ein ultramodernes Design zur Architektur eines römischen Palazzo in Kontrast setzte. Die Karte spiegelt Roms gegenwärtige Faszination für Sushi. Die Sushibar im ersten Stock serviert eine umfassende Auswahl an Sashimi, Sushi, Rigiri und den Bloom-Spezialteller mit allerfrischestem Fisch in makelloser Perfektion. Als Empfehlung für das Restaurant im Erdgeschoss sind die *orechiette* mit getrocknetem Kabeljaurogen und Seeigel sowie sautierte Garnelen garniert mit Kichererbsenmus zu nennen. Bloom ist aber auch ein Favorit der 20+-Generation für einen After-Dinner-Drink kurz vor Mitternacht. Für den Bloomonday erhält man die Einladung ausschließlich via SMS aufs Mobiltelefon. Diese strenge Auswahl bedeutet, dass dann selbst VIPs keinen Einlass finden können, so sie allzu leger auftauchen. Junge hübsche Model-Kandidatinnen und Latin Lovers zelebrieren hier nur zu gerne das Spiel von Verabredung und Flirt bis in den Morgen.

DAUERFAVORIT

46

La Vineria Reggio

13 Piazza Campo de' Fiori 15

Allein ihre Lage am Rande des lebhaften Campo de' Fiori würde der Vineria bereits ausreichend Kundschaft garantieren. Die Tische auf der Piazza sind herrliche Beobachtungspunkte, um Menschen und Leben an sich vorbeiziehen zu lassen – und daher sind sie im Nu besetzt. Unter Leitung der Familie Reggio seit mehr als 30 Jahren, hat sich La Vineria von der einfachen, quirligen Weinbar der 1970er, wo sich die Boheme und gelegentlich mal eine dem Alkohol verfallene Berühmtheit wie der Songschreiber Gregory Corso trafen, zu einer der beliebtesten Adressen in der Stadt gemausert. Im Licht der sinkenden Sonne strömt die In-Clique sonnenbrauner junger Schönheiten zum *aperitivo* auf die Piazza, während die Atmosphäre mit den steigenden Phonpegeln der Musik ihre gestylte Affektiertheit verliert. Die Vineria bietet eine umfangreiche Auswahl an offenen Weinen, und auch die Flaschenweine liegen in einer Preiskategorie, die die Einheimischen anlockt. Die Familie Reggio produziert in Conegliano einen sehr guten Prosecco.

DAS LEBEN DER STRASSE

64 Bar San Calisto

10 Piazza de San Calisto

Verlässt man den Platz vor der Kirche Santa Maria in Trastevere und geht in Richtung des Marktes der Piazza San Cosimato, so verliert sich allmählich das postkartenperfekte Straßenbild. Hier gewinnt das Leben einen etwas raueren Charakter, der die Gegend auszeichnete, ehe Ausländer und wohlhabende Römer zugezogen sind. Die Bewohner von Trastevere nennen sich die »echten Römer« und ihre heitere, bisweilen laute Art des Lebens ist die alltägliche Realität in dieser Mini-Eckbar unmittelbar neben dem Arco de San Calisto. Mehrfach am Tag verändert sich diese Bar: Morgens belegen die römischen Frauen und Ladenbesitzer für ein schnelles Frühstück mit *cappuccino* und *cornetto* die Metalltische im Freien. Später scheint das Potpourri von Einheimischen, Straßenmusikern und, offen gesprochen, zwielichtigen Typen schlicht nur darauf zu warten, dass etwas passiert. Gegen abend dann übernimmt die Jugend die Szene, genießt die hausgemachte Eiscreme und die unterschiedlichsten Drinks, ein geparktes Autos als Lehne oder »Sitzmöbel« – cool und locker.

CHAMPAGNERPRICKELN

14 Tazio

78 Piazza della Repubblica 47

Benannt nach Tazio Secchiaroli, dem Fotografen, der in Fellinis »La dolce vita« als Vorlage für die Paparazzo-Figur diente, hat die Champagnerbar den Arkaden der Piazza della Repubblica die längst überfällige Dosis Glamour injiziert. Inzwischen hat auch der Platz, u. a. bekannt als Piazza dell'Esedra, eine Neugestaltung erfahren, bilden die renovierten Palazzi strahlenden Hintergrund zur zentralen Fontana delle Naiadi und den antiken Thermen des Diokletian. Konzipiert von Adam Tihany als Teil des Hotels Esedra Boscolo nebenan, behielt sich das Tazio seine Individualität und Eigenständigkeit als Nobel-Location für einen Drink – auch infolge des komplett anderen Dekors. Die mit Rosenholz verkleideten Decken, Säulen und riesige Lüster kreieren eine Clubatmosphäre, zu der auch die Secchiaroli-Fotos aus den 1960ern gut passen. Probieren Sie zu einem der vorzüglichen Champagner die Happen von der Barkarte, die auch Austern und Beluga-Kaviar bietet. Leichte Gerichte serviert die kleine Brasserie.

VERFÜHRERISCH VORZÜGLICHES

14 Angelo Lounge Bar

77 Via di San Bailio 15

Einen Cocktail in der Bar eines Hotels zu schlürfen gehört noch nicht zu den römischen Alltäglichkeiten, aber die Angelo Lounge Bar im Aleph Hotel könnte daran einiges ändern. Ihr architektonisches Konzept ist fokussiert auf eine weiße leuchtende Struktur im Zentrum, darum herum gruppieren sich rote Lederhocker und kuschelige Sofas, um noch den strengsten Calvinisten unter uns zu verführen. Ähnliches vollführen die teuflisch leckeren Cocktails des Barkeepers. Die Angelo Lounge Bar nimmt sich wie eine stille Insel inmitten von Adam Tihanys maximalistischem Dekor aus. Sie wirkt behaglich und dennoch elegant. Dunkle Holzpaneele und die Bücherregale unterstreichen das Clubambiente. Hotelgäste gönnen sich den gelegentlichen Drink an der Bar, die eigentliche Attraktion der Location liegt jedoch darin, dass Roms Glitzerschickis und Mickis die Lounge noch nicht wirklich entdeckt haben und man sich an einem fast noch »geheimen«, großartigen Ort fühlt.

MUSIK DER ZUKUNFT

92 La Palma

11 Via Giuseppe Mirri 35

Es liegt nicht gerade im Zentrum des Geschehens, aber von San Lorenzo aus erreicht man La Palma schnell mit dem Taxi. Der Club hat sich über die letzten Jahre hin zu »der« Adresse für Jazzfreunde entwickelt. Auch kann sich sein mit internationalen Jazzgrößen hervorragend besetztes Programm mühelos mit dem der etablierteren Clubs der Innenstadt messen. La Palma präsentiert darüber hinaus Funk, afrikanische, kubanische und andere Ethnomusik. Im Sommer werden auf dem weitläufigen Gelände Zelte aufgebaut, entstehen ein Freiluftrestaurant, Bars und eine Konzertarena. Die Stimmung ist sehr lässig und entspannt, nur wenn die Massen die Stars anfeuern, schlagen die Wogen hoch. Während der Wintermonate finden die Konzerte in einem entkernten alten Lagerhaus statt, wo außerdem Disconächte veranstaltet werden. La Palma ist eine interessante Location, um vielversprechende lokale und internationale Talente kennen zu lernen.

SPASS OHNE ENDE

46 **La Maison**

46 Vicolo dei Granari 4

Wenn das nahe Bloom (S. 156) die Pforten schließt, zieht die schicke Party weiter ins La Maison, in eine Welt des Luxus, opulenter Sofas und schimmernder Lüster. Dienstags haben hier bekannte Gast-DJs ihren Auftritt, während sonntags eine schillernde Gay-Nacht Programm ist. Im Besitz derselben Nightlife-Impresarios wie Le Bain (S. 77), gehört La Maison zur jungen Generation der designsensibel gestalteten Entertainment-Locations. Wie viele andere Bars in Rom schließt es während der Sommermonate, um ins Freie umzuziehen. Von Juni bis September pilgern die Fans dann zum Palazzo dei Congressi im EUR-Viertel, wo die Dachterrasse einen unverbauten Blick über die südliche Stadt eröffnet. Die Einrichtung wirkt raffiniert minimalistisch mit weißen Plastikstühlen im Retrolook, kubischen Blöcken als Tischen und weichen Kissen in der Lounge. Über der Tanzfläche aber ergießt sich die Lichtshow blauer Neons auf die wogende Menge. Glamour- und Fun-Nächte sind hier garantiert.

Shopping

Rom ist Italiens Metropole der Alta Moda und damit seit langem ein Symbol exklusiven Modedesigns. Legendäre Couturiers wie Valentino, Capucci, Fendi und Fontana starteten hier ihr Business und ihre internationale Karriere. Das Faible für den Glanz der Alten Welt wird vor allem in den Ateliers der Straßen rund um die Piazza di Spagna spürbar, wo man größten Wert auf erstklassige Schneiderkunst legt. Ferner arbeiten in Rom exquisite Designer, die handwerkliche Professionalität mit einem unorthodoxen, individualistischen Sinn für Stil vereinen. Und glücklicherweise ist es den internationalen Ketten noch nicht gelungen, die Ateliers geschickter Kunst-Handwerker, Antiquitätengeschäfte und alteingesessene Läden für Delikatessen, Duft- und Heilkräuter zu verdrängen.

Degli Effetti 162
Ilaria Miani 162
Bomba abbigliamento 163
Trimani 164
L'una e L'altra 164
Magazzini Associati 165
Città del Sole 165
Spazio Sette 166
Gusto Emporio Libreria 167
C.U.C.I.N.A 167
Battistoni 168
Dal Có 168
Schostal 169
Federico Polidori 169
Sorelle Fontana 170
Bulgari 170
Costume National 171
Giorgi e Febbi s.r.l. 172
Sermoneta 172
Scala Quattordici 173
Davide Cenci 173
TAD 174
Fendi 175
Valentino 175

MOBILIAR MIT LÄNDLICHER NOTE

46 Ilaria Miani

17 Via di Monserato 35

Selbst wenn Sie kein geräumiges toskanisches Landhaus besitzen, können Sie sich den Charme von Ilaria Mianis eleganter Möbelkollektion in die eigenen vier Wände holen. »Feinsinnig moderne« Stücke der ehemaligen Landhausrestauratorin sind etwa gestreifte Lampenschirme in allen Größen, Couchtische und Regale in Holz, Mobiliar für Terrasse oder Balkon und sogar Pfostenbetten. Alle sind handgefertigt und lassen sich mühelos auseinander nehmen bzw. zusammenlegen und transportieren. Falls Sie gerade nur nach Anregungen suchen, dann können Sie in Dutzenden Publikationen blättern, die Mianis Interior-Design-Projekte dokumentieren. Außerdem hat Ilaria Miani eine eigene Kollektion verführerischer Duftkerzen und Parfüms, kostbarer Rahmen und farbiger Glasartikel entwickelt – hübsche Geschenke oder Andenken der besonderen Art für das kleinere Budget und den kleineren Koffer.

HAUS DER MARKEN

14 Degli Effetti

9 Piazza Capranica 75, 79 & 93

Italiens Prominenz und gut betuchte Modewelt schaut bei Degli Effetti rasch mal vorbei, um die Novitäten zu begutachten, denn dieser Shop ist ein Tempel edelster Konfektion mit einem Hang zu Verrücktheit und Individualismus. Massimo Degli Effetti gehört zu den Pionieren in Roms Boutiquenwelt – immerhin war er einer der Ersten, die in einem einzigen Geschäft Marken wie Prada, Jean-Paul Gaultier und Yohji Yamamoto an anspruchsvolle männliche Kunden verkauften. Einige Jahre später dehnte er seine Idee auf die Damenkollektion aus – immer mit dem Augenmerk, kleine Boutiquen zu betreiben, in denen persönlicher Service und Kenntnisse der internationalen Modetrends höchstes Gebot waren. Seine Boutiquen an der Piazza Capranica gelten nach wie vor als unverzichtbare Stopps auf einer samstäglichen Einkaufstour, und gute treue Kunden werden dort empfangen wie alte Freunde. In ihrem Design gehorchen die Boutiquen einer minimalistischen Ästhetik, wobei schon die Schaufenster staunen lassen.

REGENBOGENBUNTER MINIMALISMUS

14 **Bomba abbigliamento**

41 Via dell'Oca 39

Die Adresse von Bomba abbigliamento findet sich im Adressbüchlein fast jeder Römerin, denn in ihren hübschen Designs verschmilzt Cristina raffiniert elegante Zurückhaltung mit einer kräftigen Portion Farbe. Ihre langen Leinenkleider, die feinen T-Shirts, Westen und langärmligen Blusen sind schlichte Klassiker und Basics jeder Garderobe. Wie Installationen hängen kostbare Kinderkleider von Ang e un Bebe und perlenbestickte Taschen an den Wänden. In einem eigenen Bereich des Ladens findet man Stücke kleiner italienischer Marken, nach denen Cristina immer sucht: Schuhe von Henry Beguelin, Schmuck von Donatella Pellini und Mother-Superior-T-Shirts von Bettina Pontiggia. Die Herrenabteilung bietet u. a. eine kaleidoskopbunte Auswahl von Krawatten, darunter sogar Designs der Architeken Scarpa und Lapadula. Das Atelier im Obergeschoss fertigt Anzüge und Kleider nach Maß. Eine jüngst hinzugekommene Galerie mit Café bietet Newcomern der römischen Kunstszene eine interessante Plattform und außerdem Platz für die gelegentliche Modenschau.

DEKONSTRUIERTE KLEIDER

46 L'una e L'altra

32 Via del Governo Vecchio 105

Bibi und Luigi D'Alessio zählten zu den Wegbereitern der dekonstruktivistischen Mode in Rom, als sie in den 1980ern L'una e L'altra eröffneten. Anfangs auf Designer aus Antwerpen konzentriert, nahmen sie später auch Kollektionen von Jean-Paul Gaultier und Issey Miyake ins Sortiment. Inzwischen verkaufen sie außerdem Alta Moda römischer Designer und exklusive Stücke von Schneider Faliero Sarli. Die Hauptattraktion aber bleibt die Kollektion von Dries Van Noten, die sie exklusiv vertreiben. Die Boutique bietet ihren prominenten Kunden einen diskreten persönlichen Service, und nicht selten entdeckt man beim Blick durch das Schaufenster die eine oder andere italienische Schauspielerin auf der Suche nach einem Outfit für eine bevorstehende Preisverleihung. Die dramatisch inszenierten Schaufensterdekos wecken die Aufmerksamkeit vieler Passanten, im Laden selbst schmücken Stücke aus Bibis und Luigis ständig erweiterter Privatsammlung schöner Glasvasen und seltener Memphis-Keramik des Designers Ettore Sottsass die Regale und verleihen dem Shop Stil und Exklusivität.

IN VINO VERITAS

14 Trimani

79 Via Goito 20

Önophile werden sich mit Begeisterung bei Trimani umsehen, denn dieser etwas abseits gelegene Weinladen verkauft mehr als die unglaubliche Zahl von 5200 verschiedenen Weinen aus aller Welt, ergänzt um eine vorzügliche Auswahl von Grappas und Likören. Seit 1821 ist Marco Trimanis Familie im Weinhandel tätig. Vom ersten Geschäft in der Via del Panico zog man 1876 in die Via Goito um, eine Straße am Fuß des Esquilin. Damals kam die Gegend gerade als Wohnviertel der römischen Mittelklasse in Mode. Das 400 qm große Geschäft umfasst heute den Verkaufsbereich, das Weinlager und eine Weinbar im Obergeschoss. Ein absolut faszinierendes Inventarstück ist der mit Trauben verzierte Brunnen aus Carrara-Marmor. Sein Zulauf für die Kühlbecken ist verbunden mit dem Felice-Aquädukt, durch den ständig frisches Wasser strömt. Früher lagerte man den Wein in großen Amphoren im Brunnen, auf Messingschildchen ist noch zu lesen, was der Liter in den 1920ern kostete: 5 Lire der Weiße, 4 Lire der Rote.

INTELLIGENTES SPIELZEUG

14 Città del Sole

22 Via delle Scrofa 65

Denkt man an die Flut von Plastikspielzeug, in der Kinderzimmer manchmal unterzugehen drohen, so lohnt sich schon deswegen ein Umweg zu Città del Sole. Das handwerklich hochwertige Holzspielzeug – Dreiräder, Feuerwehrautos oder Schaukelpferde – kommt primär aus Skandinavien. Absolute Verkaufsschlager sind trotz des beachtlichen Preises die sich drehenden Nachtlämpchen mit einem Bauernhaus oder einer Szene des »Kleinen Prinzen«. Für ältere Kinder findet man eine Fülle von Brettspielen, Puzzles und Bausätzen. Und in einer kleineren Abteilung gibt es sogar »Spielzeug« für Erwachsene, eine höchst bunte Palette von Artikeln, angefangen von New-Age-Kristallen bis zu Schachcomputern und Kompassen. Sehr beliebt sind die Bilderbücher von Bruno Munari und Enzo Mari, aber auch die eigens für Kinder entwickelten Stadtpläne und -führer sind mehr als einen Blick wert. Jedes Geschenk wird man Ihnen hier hübsch verpacken, und zwar in das für das Geschäft typische Papier in Rosé und Gelb, das auf jeder Geburtstagsparty größte Aufmerksamkeit weckt.

LOFTIG

46 Magazzini Associati

40 Corso del Rinascimento

Einen Besuch in diesem absolut perfekt gestalteten Geschäft für Inneneinrichtung – polierte Betonböden, funktionale Treppenaufgänge, Räume mit ausgeklügelter Hintergrundbeleuchtung – könnte man als Gang durch eine Musterwohnung empfinden, wo auch das Stahlrohrbett mit feiner gestärkter Leinenwäsche hergerichtet ist und eine ruhige, gelassene Stimmung herrscht. Magazzini Associati verkauft exklusiv die Kollektion des römischen Herstellers De Padove, führt die Korbmöbel von Gervasoni und Beleuchtung von FontanaArte. Bei den kleineren Artikeln entdeckt man die von Antonio Citterio designten Küchenartikel der Firma Hickman Tools, Boffi-Badutensilien und entzückende Wäsche für Bett und Küche. Vieles lässt sich nicht einfach im Koffer nach Hause transportieren, aber schon die Gestaltung des Geschäftes an sich wird jeden, der sich für Interior-Design interessiert, begeistern.

STOLZ DES HAUSES

46 **Spazio Sette**

3 Via dei Barbieri 7

Untergebracht in einem freskengeschmückten Palazzo aus dem 17. Jh., ist Spazio Sette keineswegs nur »noch ein Shop für Interior-Design« mit einem wunderlichen Sortiment kleiner und großer Artikel (manche definitiv zu groß für den Koffer). Obwohl es auf den drei Verkaufsetagen allseits bekannte Marken wie Marimekko, Driade und Venini führt, lohnt es sich, die breite Palette der kleineren italienischen Hersteller zu durchstöbern, denn viele davon wird man außerhalb der Landesgrenzen nicht finden. Mundgeblasenes Glasgeschirr von La Compagnia del Tabacco, geschnitzte Tischsets von Legnomagica, Servierbretter aus Keramik von Rina Menardi und große Ethnohalsketten der Designerin Angela Caputi sind interessante Erzeugnisse jenseits der Massenware der Designwelt.

DE GUSTIBUS

14 Gusto Emporio Libreria

38 Piazza Augusto Imperatore 9

Zwischen Ara Pacis, dem Friedensaltar des Augustus, und seinem Mausoleum gelegen, ist Gusto (S. 144) ein gestylter und beliebter Tempel kulinarischer Genüsse, einerseits Restaurant (Gusto), andererseits auch Bar und Trattoria (Osteria della Frezza). Gustos Ruf als Imperium der Gastronomie wäre aber nicht gerechtfertigt ohne das Geschäft für Küchenartikel. Stahl und helles Holz bestimmen das Interieur der eigentlich kleinen Räume, die voll gestopft sind mit allerlei Utensilien für die Küche, mit Körben und edler Tischwäsche. Und vergessen Sie die Kochbücher nicht. Von Ada Boni etwa stammt ein empfehlenswerter Band über die Grundlagen der römischen Küche, aber auch die Hochglanzbildbände internationaler Küchenchefs sind hier vorrätig, jener des Katalanen Adrian Ferra, des berühmten Chefs von El Bulli, ist nur ein Beispiel. Oder vielleicht gefällt Ihnen ein Kristalldekanter oder eines der hübschen bootförmigen Olivenschälchen. Das höfliche und sehr kenntnisreiche Personal wird Sie außerdem gerne bei der Wahl eines Weines aus dem beachtlichen Sortiment beraten.

HANDWERKSZEUG FÜR KÖCHE

14 C.U.C.I.N.A

52 Via Mario de' Fiori 65

Weit stärker praxisorientiert als Gusto, ist C.U.C.I.N.A der Shop für Kochbegeisterte mit Spaß an gutem Design. Das Hauptgeschäft befand sich lange in der Via del Babuino und galt seinerzeit bereits als Mekka für hochwertige Haushaltwaren wie eine Salatschleuder aus Aluminium nach dem letzten Schrei des Designs. Der jetzt in die Via Mario de' Fiori umgezogene Laden führt keine extravaganten Marken, eher die funktionsgerechte solide Qualität für den Dauereinsatz in der Küche. (Außerhalb der Innenstadt existieren zwei Filialen.) Ferner umfasst das interessante Sortiment Wäschesäcke, die sich in der Form einer Waschmaschine auffalten lassen, elegante Leinenschürzen und -küchenhandtücher, kräftige Glaswaren und edles weißes Porzellangeschirr.

FETISCH SCHUH

14 **Dal Có**

50 Via Vittoria 65

»Imelda Marcos war hier« – auch damit könnte Dal Có werben. Etwas abseits der renommierten Via Condotti liegt der winzige Laden in einer kleinen Nebenstraße und ist dabei ein Heiligtum aller Schuhfetischisten. Jedes einzelne Paar wird von Hand gefertigt. Zuerst nimmt ein Gentleman sorgsam Maß; drei Tage später kommen Sie zur Anprobe wieder, und eine Woche darauf präsentiert man Ihnen ein einzigartiges, maßgenau gefertigtes Paar Schuhe. Gerne komplettiert man Ihnen diese Errungenschaft auch mit einer Handtasche. Die meisten der Dal-Có-Modelle sind sehr unauffällig in ihrem Stil und eher konservativ, mit schmalen Riemchen um das Fußgelenk, gearbeitet aus Wildleder oder Stoff und mit bequemen Absätzen. Die Kollektion für den Abend zeigt dagegen weit mehr Extravaganz: Perlchen an den Absätzen, Sandalen mit Marabufedern und hübschen Stoffblumen. Audrey Hepburn und Ava Gardner liebten dieses Geschäft – könnte man sich darüber wirklich wundern?

DER CHIC DER ALTEN WELT

14 **Battistoni**

59 Via Condotti 60–61

Wer sich an »Der talentierte Mr. Ripley« erinnert, wird Battistoni wieder erkennen, wo sich Jude Law einen Anzug fertigen lässt. Das Geschäft in einem Innenhof an der Via Condotti gilt seit Jahrzehnten als »der italienische Schneider«, der sich durch klassisch-eleganten Stil auszeichnet. Filmstars, TV-Moderatoren und Journalisten kaufen hier ein. Ebenso taucht Battistoni regelmäßig im Abspann von TV- und Filmproduktionen auf. Im Innern des Geschäfts scheint die Zeit seit langem stillzustehen, elegantes Personal kümmert sich höflich und effizient um die Damen in der mit Teak gestalteten Boutique, während die Herrenabteilung ein historisches Ambiente prägt. Kunstwerke zieren die Wände, und Seite an Seite mit den feinen Zwirnen führen Antiquitäten ein distinguiertes Dasein. Battistonis Stärke sind Maßanfertigungen, ergänzt um hochwertige Konfektion. Nur beste Seiden-, Kaschmir- und Leinenstoffe werden verarbeitet – und natürlich steht den Kunden ein effizienter Änderungsservice zur Verfügung.

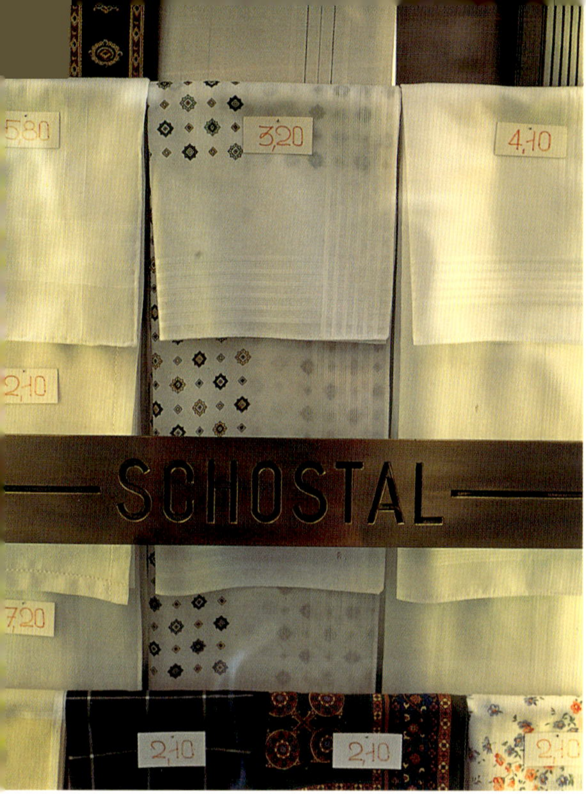

LEGENDEN IN LEDER

14 **Federico Polidori**

5 Via di Piè di Marmo 7–8

Auf einer Linie mit Roms handwerklichen Stärken liegt Polidoris Atelier für hochwertige Ledertaschen und Accessoires. Zusammen mit seinen Kunden entwirft der Meister jede Hand- oder Aktentasche eigenhändig – auch daher ist sein winziger Laden eine feste Adresse für Roms Aristokratie, die hier mit Monogramm versehene Reisetaschen oder sogar eine Gewehrtasche für den Jagdausflug in Auftrag gibt. Im Laden hängen die Häute zur Auswahl für die Kunden, sie werden von Hand geschnitten und genäht. Dekorativ stehen überall im Laden Objekte, die Polidoris Handwerkskunst beweisen: abgewetzte Reisekoffer, alte Dosen mit Lederwachs und Ölen, Werkzeuge und Bürsten. Federico Polidori ist ein bescheidener charmanter Mann und ein Zauberer, dessen Hände schlichtem Leder magische Form verleihen.

BESSER ZU FUSS

14 **Schostal**

58 Via del Corso 158

Entrinnen Sie für einen Augenblick dem Verkehrsgetümmel der Shoppingmeile Via del Corso und begeben Sie sich auf eine Zeitreise: bei Schostal. Die Männerwelt kauft hier die Basics ihrer Garderobe wie Taschentücher und Pyjamas. Aber Socken sind die echte Sensation bei Schostal – superweich und leicht, aus Baumwolle, Seide, reiner Schurwolle und Kaschmir. Die Ladeneinrichtung ist noch ziemlich dieselbe wie zur Eröffnung anno 1870. Die hölzernen Schränke, Kommoden und Regale sind bestens gefüllt mit Herrenhemden, Schals und Fliegen. Die Abteilung für die Damen führt dezente Nachtwäsche und Dessous. Geradezu liebenswert sind die Preisschildchen noch von Hand geschrieben. Vor allem unterstreicht ihre kalligraphische Note sehr hübsch das nostalgische Schostal-Flair. Dass hier die Kunden gerne wiederkommen, selbst wenn sie manchmal Schlange stehen müssen, liegt nicht zuletzt am makellosen Service.

LUXUS HÖCHSTER PERFEKTION

14 **Bulgari**

54 Via dei Condotti 10

Die Firmengeschichte des weltweit bekannten Unternehmens Bulgari beginnt mit Sotiro Bulgari, der 1895 aus Griechenland in Italien eintraf und einen kleinen Laden in der Via Sistina eröffnete. 1905 zog er in die Via Condotti um, wo das Geschäft mit seiner Palastarchitektur heute den opulenten Stil des Designers widerspiegelt. Alte Münzen, gefasst in Gold, Edelsteine in Tropfenform und schimmernde Geschmeide sind das Markenzeichen dieses Unternehmens, dessen Kollektionen »Parantesi«, »Tubogas« und »Spiga« die Lieblinge des modefanatischen Jetsets der 1960er wurden. Bis heute ist es ein Familienbetrieb unter Leitung von Giorgio und Paolo Bulgari, deren Neffe Francesco Trapani im Design die Linie bestimmt. Nach einer Expansion des Geschäftsfeldes auf Uhren und Parfüm, hat sich Bulgari nun auch in die Welt der Boutiquehotels vorgewagt. In Mailand realisierte man ein Projekt mit Citterio als Designer, Pläne für zwei weitere hat man in der Schublade.

MÄRCHENHAFTE COUTURE

14 **Sorelle Fontana**

35 Via della Fontanella di Borghese 67–71

Die Sorelle Fontana, die großen alten Damen der römischen Couture, erlangten mit einem Schlag internationalen Ruhm, als sie 1949 Linda Christians Kleid für die in den Medien groß gefeierte Hochzeit mit Tyrone Power in Rom entwarfen. Hollywood und Amerikas Geldadel wurden bald bei ihnen vorstellig, und ihr Name wurde ein Synonym für märchenhafte Hochzeitskleider. Jahre zuvor hatten die Schwestern Zoe, Micol und Giovanna ihr Heimatstädtchen Traversetolo bei Parma verlassen, um ihr Glück in einer größeren Stadt zu suchen. Unentschieden zwischen Mailand und Rom, beschlossen sie, den nächstbesten Zug zu nehmen. Der Zug nach Rom erwies sich als weise Entscheidung. Bis heute besitzt ihre Boutique den Charme eines Ateliers, in dem höchstes handwerkliches Können extravagante Kreationen entstehen lässt. Chefdesigner Marco Coretti wurde bekannt für seine pastellrosafarbenen Chiffonabendkleider, schrille Krokodilledertaschen und strassbesetzte Stilettos für moderne Märchenprinzessinnen.

DER CHIC DER NATION

14 **Costume National**

48 Via del Babuino 106

Über Jahre war der Designer hinter Costume National ein Geheimnis. Die Philosophie des Hauses lautete: Das Produkt muss überzeugen. Ennio Capasa, den Firmennamen entlehnte er einem alten Buch über französische Uniformen, gründete 1987 eine Marke, deren Maxime »Minimalismus« hieß. Seine Entwürfe sind nie schrill, sondern umhüllen den Körper mit Anmut und auch Humor. Capasa – er studierte Architektur – verantwortete selbst das Design der beiden Geschäfte in Rom und Mailand. Strategisch klug in der Via del Babuino platziert, ist Costume National ein nüchtern gestalteter, eleganter Ort, den Halogenlicht erstrahlen lässt. Sorgsam arrangiert hängen schwarze Mäntel neben türkisfarbenen Hosenanzügen, während die hervorragend gearbeiteten Schuhmodelle auf Acrylregalen dekoriert sind und damit die gesamte Aufmerksamkeit auf das Produkt gelenkt wird. Wenn Sie auf ein Stück einer Kollektion aus sind, müssen Sie schnell sein: Die Kunden stürmen Costume National, sobald sie eintrifft.

BEZAUBERNDE TEXTILIEN

14 **Giorgi e Febbi s.r.l.**

8 Piazza della Rotonda 61–62

Wer das Geschäft nicht kennt, könnte es leicht übersehen, obwohl es unmittelbar an der Piazza della Rotonda gegenüber dem Pantheon liegt. Es gehört sogar zu den unter Denkmalschutz stehenden historischen Geschäften der Stadt. Gegründet 1784, wird es bis heute von derselben Familie geführt. Giorgi e Febbi ist eine Schatztruhe wundervoller Textilien, die noch nach alten Methoden gewebt und bedruckt werden, und zwar in einer Manufaktur außerhalb von Rom, die bereits seit Jahrhunderten in Familienbesitz ist. Auf den zwei Etagen des Geschäftes biegen sich die Regale unter dem Gewicht der Stoffballen in florentinischem Blumen- und Paisleymuster, der Seiden- und Brokatstoffe neben Fransenbordüren, geflochtenen Kordeln und Quasten. Sie können sogar eigene Mustervorlagen mitbringen und danach Stoffe fertigen lassen. Wenn Sie Ihr Heim nach einem ganz individuellen Stil gestalten wollen, dann finden Sie hier bestimmt Anregungen und die schönsten Materialien.

HANDSCHUHWEICH

14 **Sermoneta**

53 Piazza di Spagna 72a

Den Fotos an den Wänden nach zu schließen, haben alle Stars der Filmwelt von Elizabeth Taylor bis George Clooney bei Sermoneta handgenähte Handschuhe gekauft. Aber abgesehen vom Renommee des Geschäftes in VIP-Kreisen überzeugt hier die Qualität. Zur Auswahl stehen 60 Farben, sechs Größen (auch extraklein und extragroß), Ziegen-, Wildschwein-, Straußen- und Krokodilleder, Kaschmir- und Schurwolle, Modelle mit Stickerei, einige seidengefüttert – und jedes Paar wird in der eigenen Fabrik hergestellt. Das Hauptgeschäft an der Spanischen Treppe wurde erst vor kurzem renoviert. Der Glanz des Interieurs vermittelt einen Eindruck von der neuen Linie, die bald auch in Madrid und London tonangebend sein wird (weitere Geschäfte bestehen in Mailand, mehr als 55 Franchiseshops in der ganzen Welt). Giorgio Sermoneta und seine Familie führen das Geschäft mit Engagement und beraten sehr persönlich. Sie geben ihren Kunden sogar noch den Insidertipp, wo sie gut essen oder etwas trinken können.

SCHNEIDERTALENTE

64 **Scala Quattordici**

6 Via della Scala 14

Letterio Attanasio und Giuseppe Michelini sind die großen Talente von Scala Quattordici, einer etwas versteckt gelegenen Boutique für Damenbekleidung im Herzen Trasteveres. Ähnlich wie Ungaro oder Valentino verarbeiten sie bunte Seiden-, Baumwoll- und Leinenstoffe zu einer limitierten Kollektion eleganter Stücke, die die Favoriten der modebewusstesten Damen in Rom sind. Scala Quattordicis großes Plus ist zweifelsohne der aufmerksame und sehr persönliche Service – Ruhe ist hier oberster Grundsatz. Man nimmt sich Zeit für Anproben, die Auswahl des optimalen Stils und besten Schnitts und ein gelassenes Gespräch auf einem der Sofas. Gefällig und feminin ist der Stil, nicht ausgefallen extravagant, das Richtige für jene, die etwas Hübsches für einen romantischen Abend oder einen besonderen Anlass suchen. Nebenan liegt das Schneideratelier, in dem Stapel von Stoffballen darauf warten, in bemerkenswerte Kreationen verwandelt zu werden.

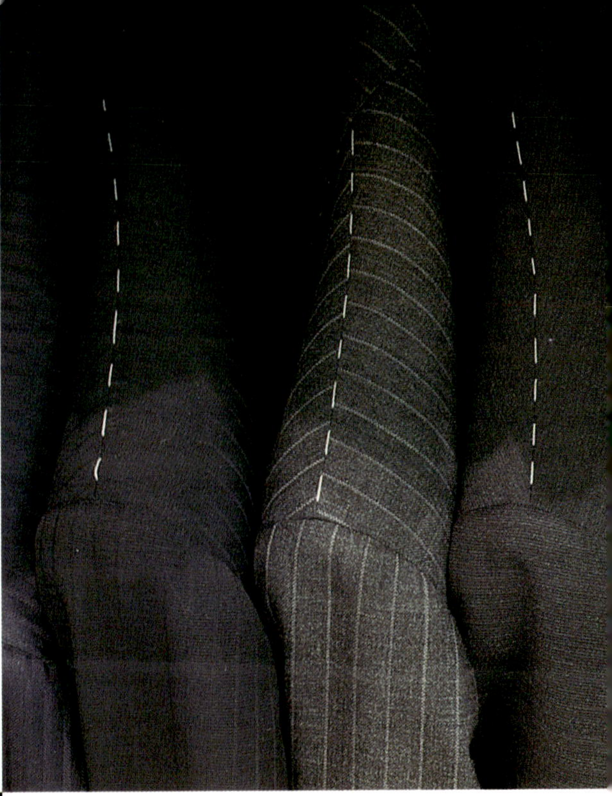

IM PERFEKTEN ANZUG

14 **Davide Cenci**

25 Via di Campo Marzio 1–7

Die Parlamentarier des nahen Montecitorio und italienische Geschäftsleute mit einem Faible für den Stil des eleganten Gentleman gehören zu den treuesten Kunden bei Davide Cenci. Das 1921 gegründete Geschäft verbindet einen traditionell zuvorkommenden Kundenservice (maßgeschneiderte Anzüge aus feinstem Flanell, Lieferung ins Haus und Personal, das sogar den Vornamen der Kunden kennt) mit einem breiten Sortiment italienischer und internationaler Marken wie Burberry, Ermengildo Zegna und Ralph Lauren neben der eigenen Kollektion. Diese römische Institution hat Filialen in Mailand und New York, doch nur hier trifft man Signor Cenci beim Plausch mit alten Kunden. Auch die Einrichtung spiegelt die Eleganz der Firma wider: Marmorböden, Holzvertäfelungen im Schneideratelier und eine imposante Treppe ins Obergeschoss, wo Damenmode von Pucci, Alberta Ferretti und anderen exklusiven Marken sowie Accessoires wie Krawatten, Handtaschen und Hüte verkauft werden.

TRENDY

14

43

TAD

Via del Babuino 155a

TAD ist die römische Interpretation eines Edelkaufhauses und bedeutet *tendenze e antiche debolezze* – »Trends und alte Schwächen«. Schwelgen Sie in diesem gigantischen »Warenhaus«, konzipiert als Bühne der begehrenswertesten Kreationen von Alessandro Dell'Acqua, Alexander McQueen, Alberto Biani und Balenciaga, um nur einige Modelabels zu nennen. Hier finden Sie außerdem Maria Coffas ostasiatisch angehauchtes Homedesign sowie Teak-, Mahagoni- und Korbmöbel, ausländische Magazine, Kunstbücher sowie eine Auswahl von CDs: Trip-Hop, Soul, House, Garage, Latin und Lounge. Das Angebot ergänzen eine NuYorica-Schuhboutique (S. 52), ein Blumenladen und ein kleiner Friseur. Erschöpft vom Einkaufsbummel kann man sich im TAD Café bei einem *macchiato* oder grünem Tee stärken; Philippe-Starck-Stühle und ein Beleuchtungssystem von Ross Lovegrove verleihen der Terrasse im Hof Chic und Charme. Beliebt ist zu Mittag die asiatisch-mediterrane Fusionküche von Chef Anthony Genovese.

IKONEN DER GEGENWART

14 **Fendi**

62 Via Borgognona 36–40

Wer wünschte sich nicht schon lange eine Baguette-Tasche, die man bequem unter den Arm klemmt? Fendi kreiert Kleider, Pelzmode und Accessoires seit 1925. Dennoch gelang es erst der Kreativdirektorin Silvia Venturini, einer Nachfahrin in dritter Generation, die Marke durch die extravagante Handtasche in der internationalen Welt der Mode zu etablieren. Die Baguette (mit Schulterriemen) wurde zum Statussymbol und Kultobjekt. Aus dem bescheidenen Geschäft für Pelze und Lederwaren von Eduardo und Adele Fendi entwickelte sich das Unternehmen dank des klugen Managements und der kreativen Ideen der Töchter. 1964 eröffneten Paola, Anna, Franca, Carla und Adele Fendi in der Via Borgognona, die neue Filiale am Largo Goldoni überrascht mit theatralischem Interieur. Auf Karl Lagerfeld, der 1965 ins Geschäft einstieg, geht das doppelte »F« als Firmenemblem zurück. Heute gehört Fendi zu Prada und dem Konzern Bernard Arnaults, obwohl das Management weiterhin in Händen der Familie liegt. Fendi bleibt eine Ikone luxuriösen Stils, der die Sammelleidenschaft der Modewelt anstachelt .

UNVERKENNBAR

14 **Valentino**

55 Via Bocca di Leone 15, Via Condotti 13
Via del Babuino 6

Ob Sophia Loren oder Julia Roberts, viele Filmstars sind große Verehrerinnen des genialen Designers Valentino Garavani. Kostbare Materialien, exquisite Verarbeitung und die Farbe Rot (man spricht bereits von Valentino-Rot) gehören zu seinen Markenzeichen. Valentino begann seine Karriere mit der Boutique in der Via Condotti und führte sie mit einem Atelier in der Via Gregoriana fort, der bevorzugten Adresse römischer Couturiers wie Roberto Capucci, Pino Lancetti und Fausto Sarli. Später entstand die Firmenzentrale im Palazzo Mignanelli nahe der Spanischen Treppe, wo Valentino bisweilen rauschende Partys für den Jetset veranstaltet. Das Hauptgeschäft in der Via Condotti besitzt nach wie vor besonderen Reiz, vor allem da die Präsentation nicht den luxuriösen Gewändern und Stilettos die Schau stiehlt. »Mann« steht im Mittelpunkt der Boutique in der Via Bocca di Leone, während eine junge Linie, Valentino Roma, in der Via del Babuino den Ton angibt.

Raus aus der Stadt

Schon seit der Antike pflegen die Römer den Tagesausflug aus der Stadt »in die Sommerfrische«, denn eine wundervolle Vielfalt sehenswerter Orte umgibt die italienische Metropole – heute nur etwa eine Autostunde von der Innenstadt entfernt. Die Küste des Tyrrhenischen Meers ist übersät mit Urlaubsorten: die einen ideale Familienziele, andere wilder und exklusiver. Im Norden und Osten locken vulkanische Seen, warme Mineralquellen und romantische Weinberge. Auf der Suche nach Kultur bezaubern archäologische Stätten aus Roms Gründerjahren, Renaissancevillen und mittelalterliche Städtchen, während die Fahrt zur Insel Ponza die Sehnsucht nach einem perfekten Wochenende jenseits allen Trubels erfüllt.

Ponza: Mediterraner Inseltraum 178
Frascati: Hedonistische Villen-Tour 180
Villa Adriana – Villa d'Este: Römische Pracht, barocker Überschwang 182
Sabaudia und Circeo: Architektur und Natur 184

TOR ZUR INSELWELT

Ponza: Mediterraner Inseltraum

- Frontone Beach
- Orestorante
- Grand Hotel Santa Domitilla

Schon vom Meer her betört Ponzas stille Schönheit. War das winzige Felseneiland vor Latiums Küste seit der Römerzeit ein Zufluchtsort politischer Dissidenten, so wandelte es sich in jüngerer Zeit zum hippen Refugium der betuchten Römer. Der wilde Charme der Insel, das kristallklare, blaue Wasser und die dramatischen Klippen im Vulkangestein begeistern von der ersten Minute an. Die Fahrt mit dem Tragflügelboot vom nahen Anzio aus dauert nur etwas über eine Stunde, was allerdings bedeutet, dass sich die 6 km lange Insel zur Hauptsaison (Juli, August) schnell mit Wochenendausflüglern füllt. Vom Hafen aus legen alle zehn Minuten Boote zum sandigen Hauptstrand von Frontone ab. Er zieht eine heitere Mischung junger Familien und hedonistischer Partygänger an, die zum Sonnenbad den DJ-Sound aus der Beachbar suchen. Gegen sechs steigen die Phonzahlen, Signal für die »Strandläufer«, die Freiluftbar für den Tanz in die Nacht anzusteuern. Später am Abend schlüpfen die gestylten Sonnenanbeter in den Abenddress und mischen sich zum Dinner bei Orestorante unter die »Boatpeople« der Luxusjachten. Das Restaurant zählt zu den Toplokalitäten in ganz Latium – grandios die drei Terrassen mit Blick über den Hafen. Tagliatelle mit Mandeln, Kabeljaurogen und dem Aroma von Zitronenschalen oder Meerbrasse mit schwarzen Oliven und Fenchel gehören zu den vorzüglichen Köstlichkeiten, die Besitzer und Küchenchef Oreste in seiner Küche zaubert.

Erfahrene Reisende haben Ponza eher außerhalb der Saison in ihrem Kalender, mieten sich eines der pastellfarbenen Häuser oder Zimmer bei den Fischern über eine Agentur. Unzählige Unterkünfte stehen in Ponza zur Verfügung, das Grand Hotel Santa Domitilla aber ist mehr als nur ein Domizil. Im Besitz der Familie, die auch das Restaurant Gennarino a Mare betreibt, punktet die Nobelherberge mit einem spektakulären Pool in alten Kellergewölben. Weißer Stuck und lebhafte, handbemalte blaue Fliesen charakterisieren die Außengestaltung, Treibholz dient als Dekor im Innern, während im Garten Feigenkakteen, Bougainvilleen, Zitronen- und Feigenbäume Akzente setzen.

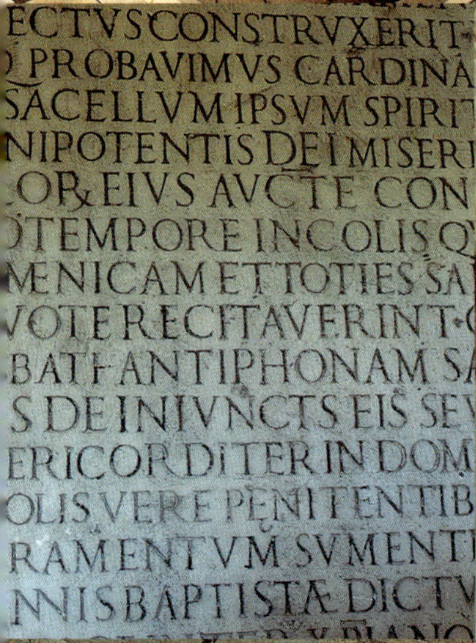
ECTVS CONSTRVXERIT
O PROBAVIMVS CARDINA
SACELLVM IPSVM SPIRIT
NIPOTENTIS DEI MISERI
OR EIVS AVCTE CON
OTEMPORE INCOLIS Q
MENICAM ET TOTIES SA
VOTE RECITAVERINT
BAT ANTIPHONAM SA
S DE INIVNCTIS EIS SEV
ERICORDITER IN DOM
OLIS VERE PENITENTIB
RAMENTVM SVMENT
NNIS BAPTISTÆ DICTV

WOGENDE HÜGEL UND WEINGENUSS

Frascati: Hedonistische Villen-Tour

- Villa Grazioli
- Cacciani

Als die Bahnlinie nach Frascati 1865 eröffnet wurde, erlebten die Ausflüge zu den Weinkellern einen derartigen Aufschwung, dass der letzte Zug zurück nach Rom bald der »Säufer-Zug« hieß. Nur 30 Minuten ist man heute mit dem Auto unterwegs, und Tagestouren nach Frascati sind für Römer längst eine Institution. Unterwegs mit einem Picknickkorb halten sie an den zahlreichen *fraschette,* den Weinbars im Freien, um den nach Honig duftenden »Nektar der Götter« zu kosten. Nach einer Zeit der Flaute genießen die Frascati-Weine wieder ein wohlverdientes Revival, zu dem Spitzenproduzenten wie Castel Paolis und Paola di Mauro mit mehr als nur einer guten Flasche Wein beitragen. Außerdem erlangte die Gegend Berühmtheit für die wunderschönen Villen von Tuscolo. Sie sind ein Erbe des 16. Jhs., als die römischen Adelsfamilien der Aldobrandini, Lancellotti, Falconieri, Mondragone, Parisi, Muti, Grazioli und Torlonia grandiose Paläste als Symbole ihrer Macht errichteten. Fahren Sie geruhsam durch eine sanft gewellte Hügellandschaft, besuchen Sie staunenswerte Villen wie jene der Aldobrandini, deren Landschaftspark gelegentlich zugänglich ist, und genießen Sie den Aufenthalt in der zum Hotel umgebauten Villa Grazioli. Von 15 000 qm Parkfläche entlang einer Klippe umgeben, eröffnet die aus dem 16. Jh. stammende Villa atemberaubende Ausblicke auf Rom. Die ehemalige Residenz des Kardinals Carafa ist eine Komposition sanft verblasster Fresken, italienischer Antiquitäten und Trompe-l'Œil-Malereien, gekrönt von einer Kapelle, die Johannes dem Täufer geweiht ist. Dort evozieren die weichen Blautöne der Wände, fahles Rosé und schimmerndes Gold ein romantisches Farbenspiel mit den alten Terrakottaböden und Marmoreinlegearbeiten, während die Zimmer weit schlichter, aber sehr bequem ausgestattet sind. Im Ort selbst sollten Sie die Flasche Frascati bei Cacciani bestellen, einer freundlich-betriebsamen Lokalität der innovativen italienischen Küche und regionaler Klassiker wie einer Bruschetta vom Tintenfisch mit geschmolzenem Provolone-Käse. Das Restaurant steht hoch im Kurs bei Gourmets und treuen Hausgästen – daher vorbuchen!

ERINNERUNGEN AN DIE VERGANGENHEIT

Villa Adriana – Villa d'Este: Römische Pracht, barocker Überschwang

- Hotel Adriano (Hotel und Restaurant)
- Villa d'Este

Gerade einmal 20 km von Rom entfernt liegt das Städtchen Tivoli an den Hängen der Sabiner Berge – seit der Antike ein Lieblingsort des römischen Adels. Kaiser Hadrian ließ sich hier im 2. Jh. – großenteils nach eigenen Entwürfen – eine Villa als Zeichen seiner Begeisterung für Architektur, griechische Kultur und Schönheit errichten. Der Komplex umfasste Palast, Badeanlage, Bibliothek und Gärten, geschmückt mit Skulpturen und Wasserbecken. Wenngleich viele der originalen Mosaiken und Statuen jetzt über die Museen der ganzen Welt verstreut sind, blieben Reste der großartigen Ausstattung des Palastes mit seinen vielfarbigen Marmorfußböden und den freskierten Wänden erhalten. Im Sommer finden zwischen den Ruinen unter freiem Himmel Theateraufführungen und Konzerte statt. Unmittelbar vor der Hadriansvilla liegt das kleine, charmante Hotel Adriano. Die Autorin Marguerite Yourcenar verfasste hier die fiktive Biografie »Ich zähmte die Wölfin. Die Erinnerungen des Kaisers Hadrian«, womit sie einen bewegenden Einblick in Leben und Leidenschaften des gelehrten Herrschers gab. Mit Hingabe von der Familie Cinelli geführt, kompensiert die rote Villa aus dem 19. Jh. die Schlichtheit der Zimmer durch den aufmerksamen Service und die bezaubernden Gärten. Nicht nur Romantiker werden sich abends für die efeuüberwucherte Terrasse begeistern – und für hausgemachte Fettuccine mit Kräutern, Pecorino und Pinienkernen oder das ausgefallene Gericht der gegrillten Blüten und Blätter im Tempura-Mantel.

Ist Ihnen die heitere Schönheit der Villa Adriana zu still? Dann müssen Sie die extravagante Villa d'Este kennen lernen, ein Rausch barocker Dekorationslust. Erbaut wurde sie im späten 16. Jh. von Lucrezia Borgias Sohn Kardinal Ippolito d'Este. Mit seiner geometrischen Struktur, seinen 500 Brunnen und uralten wie auch seltenen Bäumen zählt dieser Park zu den schönsten in ganz Italien. Das allgegenwärtige Plätschern des Wassers klingt wie eine Symphonie und bereitet das Erlebnis sinnlichen Überschwangs.

HOTEL

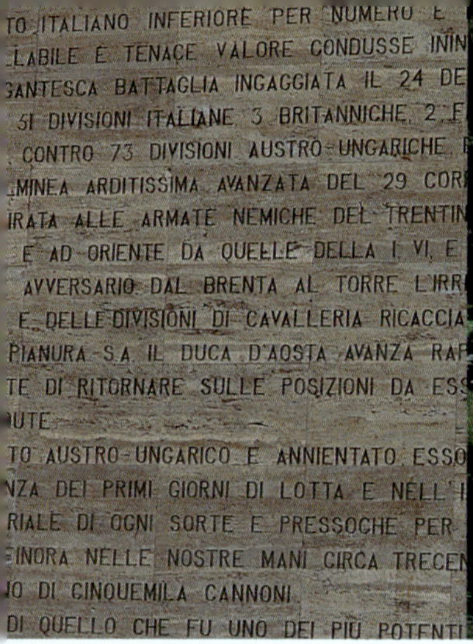

UTOPIA DER RATIONALISTEN

Sabaudia und Circeo: Architektur und Natur

- Complesso Punta Rossa
- Hotel Torre Paola
- Saporetti

Das Erbe faschistischer Architektur wird in Italien keineswegs so kritisch diskutiert wie anderswo. Und: Nirgendwo wirkt es freundlicher als im Seebad Sabaudia. Nur 100 km von Rom entfernt, entstand es 1934 innerhalb von 253 Tagen – die politische Propaganda glorifizierte es als grandioses Werk 6000 Tag und Nacht arbeitender Männer. Sabaudia war Teil eines Erschließungsprogramms des Agro-Pontino-Feuchtgebietes, heute ist das Städtchen ein bewundertes Schmuckstück der rationalistischen Architektur, wo öffentliche Gebäude wie Postamt oder Rathaus zwischen Palmen und purpurnen Bougainvilleen aufragen.

Jenseits der utopischen Baukunst erstreckt sich ein Gürtel spektakulärer Sanddünen und mediterraner Buschlandschaft: der Strand von Sabaudia. Dies ist ebenso die Domäne der Tagestouristen aus Rom wie der italienischen Filmstars, die sich hier in ihre teilweise versteckt gelegenen (mitunter illegal erbauten) Strandvillen aus den 1960ern zurückziehen. An einem Ende des Strandes liegt das In-Restaurant Saporetti, fest in der Hand der Medienclique, die ihre Filmverträge über dampfenden *spaghetti alle vongole* aushandelt. Dort erstreckt sich auch der in den 1960ern eingerichtete Nationalpark Monte Circeo. Das nahe Hotel Torre Paola ist ein denkmalgeschütztes Gebäude aus dem 13. Jh., das sich erst jüngst zum schicken 15-Zimmer-Hotel wandelte. Zur Anlage gehören auch eine Kirche und ein reizender Garten mit Tamarindenbäumen, von dem der Blick über den Kanal schweift. Ein Umweg von etwa 10 km führt zur Punta Rossa auf der anderen Seite des Monte Circeo. Dort schmiegt sich ein ultraexklusives Resort an die sanft zum Meer hin abfallenden Hänge. Das Werk des Architekten Michele Busiri Vici präsentiert sich als faszinierender Mix lupenreiner Fünfzigerjahre-Architektur und hochmoderner Luxusausstattung komplett mit Meerwasserpoollandschaft und Thalasso-Spa. Die Gäste haben die Wahl zwischen dem Haupthaus oder einer der schmucken weißen Villen für einen längeren Aufenthalt.

Adressen-verzeichnis

Die Vorwahl von Italien lautet 0039, die ehemalige Vorwahl von Rom (06) ist fester Bestandteil der Telefonnummer und muss selbst bei Ortsgesprächen mitgewählt werden. Bei Gesprächen aus dem Ausland entfällt die 0 nicht!
Die Adressen unter »Raus aus der Stadt« sind ebenfalls komplett mit Vorwahl angegeben.

Die Seitenzahl nach jedem Eintrag bezieht sich auf die Stelle im Text, an der Sie die ausführliche Beschreibung des Eintrags finden.

Agata e Romeo 145
Via Carlo Alberto 45
00185 Roma
T 06 44 66 115
F 06 44 65 842
E ristorante@agataeromeo.it
W www.agataeromeo.it

Akab 86
Via di Monte Testaccio 69
00153 Roma
T/F 06 57 82 390
W www.akabcave.com

Al Bric 143
Via del Pellegrino 51–52
00186 Roma
T 06 68 79 533
E info@albric.it
W www.albric.it

Alberto Ciarla 140
Piazza di San Cosimato 40
00153 Roma
T 06 58 18 668
F 06 58 84 377
E alberto@albertociarla.com
W www.albertociarla.com

Aleph Hotel 128
Via di San Basilio 15
00187 Roma
T 06 42 29 01
F 06 42 29 00 00
E reservation@aleph.boscolo.com
W www.boscolohotels.com

Alibi 89
Via di Monte Testaccio 40–44
00153 Roma
T/F 06 57 43 448
E info@alibionline.it

Alpheus 89
Via del Commercio 36
00154 Roma
T 06 57 47 826
E alpheus@libero.it
W www.alpheus.it

L'Altro di Mastai 136
Via Giovanni Giraud 53
00186 Roma
T 06 68 30 12 96
F 06 68 61 303
E restaurant@laltromastai.it
W www.laltromastai.it

Angelo di Nepi 48
Via dei Giubbonari 28
00186 Roma
T 06 68 93 006
E info@angelodinepi.it
W www.angelodinepi.it

Angelo Lounge Bar 158
Aleph Hotel
Via di San Basilio 15
00187 Roma
T 06 42 29 01
F 06 42 29 00 00
W www.boscolohotels.com

Antica Cartotecnica 18
Piazza dei Caprettari 61
00186 Roma
T 06 68 75 671
F 06 68 77 093
E info@anticacartotecnica.it
W www.anticacartotecnica.it

L'Antica Erboristeria 60
Via di Torre Argentina 15
00186 Roma
T 06 68 79 493
W www.anticaerboristeria romana.com

Antico Arco 136
Piazzale Aurelio 7
00152 Roma
T 06 58 15 274

Arancia Blu 94
Via dei Latini 55, 65
00185 Roma
T 06 44 54 105

L'Arancio d'Oro 27
Via di Monte d'Oro 17
00186 Roma
T 06 68 65 026

Arsenale 59
Via del Governo Vecchio 64
00186 Roma
T 68 61 380

Atelier Monti 100
Via Panisperna 42
00184 Roma
T 06 47 82 43 14
F 06 47 88 50 42
E info@aterliermonti.it
W www.ateliermonti.it

Auditorium Parco della Musica 42
Viale Pietro de Coubertin 30
00196 Roma
T/F 06 80 24 111
F 06 80 241 211
E info@musicaperroma.it
W www.musicaperroma.it

Augustarello 84
Via Giovanni Branca 98
00153 Roma
T 06 57 46 585

Baba 146
Via Casale di Tor di Quinto 1
00191 Roma
T 06 33 30 745
W www.babaristorante.it

Le Bain 77
Via delle Botteghe Oscure 33
00186 Roma
T 06 68 65 673
E lebain@tiscali.it
W www.lebain.it

Bar del Fico 155
Piazza del Fico 24–25
00186 Roma
T 06 68 75 568
F 06 68 76 880
E ilfico@ilfico.com
W www.ilfico.com

Bar Farnese 48
Piazza Farnese 106–107
00186 Roma
T 06 68 80 21 25

Il Bar della Pace 151
Via della Pace 4–7
00186 Roma
T 06 68 61 216

Bar San Calisto 157
Piazza di San Calisto
00153 Roma
T 06 58 35 869

Bar Taruga 77
Piazza Mattei
00186 Roma

Bar Vitti Centro 23
Piazza di San Lorenzo in Lucina 33
00186 Roma
T 06 68 76 304

Bar Zest 99
Via Filippo Turati 171
00185 Roma
T 06 44 48 41
F 06 44 34 13 96
W www.eshotel.it

Basilica di San Clemente 108
Via di San Giovanni in Laterano
00184 Roma

Battistoni 168
Via Condotti 60–61a
00187 Roma
T 06 69 76 111

Baullà 50
Via dei Baullari 37
00186 Roma
T 06 68 67 670

Bibli 70
Via dei Fienaroli 28
00153 Roma
T 06 58 14 534
W www.bibli.it

Il Bicchiere di Mastai 151
Via dei Banchi Nuovi 52
00186 Roma
T 06 68 19 22 28

Bleve 74
Via di Santa Maria del Pianto 9a–11
00186 Roma
T 06 68 65 970

Bloom 156
Via Teatro Pace 30
00186 Roma
T 06 68 80 20 29

Boccondivino 24
Piazza in Campo Marzio, 6
00186 Roma
T 06 68 30 86 26
E info@boccondivino.it
W www.boccondivino.it

Boccon Divino ristorante 56
Vicolo del Pavone 2
00186 Roma
T 06 68 13 50 51

Bomba abbigliamento 163
Via dell'Oca 39
00186 Roma
T 06 32 03 020

Bonpoint 23
Piazza di San Lorenzo in Lucina 25
00186 Roma
T 06 68 71 548

La Bottega del Cioccolato 100
Via Leonina 82
00184 Roma
T 06 48 21 473

Bramante Cloister 60
Vicolo del Arco della Pace 5
00186 Roma
T 06 68 80 90 98

Bulgari 170
Via Condotti 10
00187 Roma
T 06 69 62 61
F 06 67 83 419
W www.bulgari.com

Bush 86
Via Galvani 44
00153 Roma
T 06 57 28 86 91

Café Café 110
Via dei Santi Quattro Coronati 44
00184 Roma
T 06 70 08 743

Café De Oriente 86
Via di Monte Testaccio 36
00153 Roma
T 06 57 45 019

Caffè Greco 153
Via Condotti 86
00187 Roma
T 06 67 91 700

Caffè Latino 86
Via di Monte Testaccio 96
00153 Roma
T 06 57 28 85 56

Caffè Romano 154
Hotel d'Inghilterra
Via Borgognona 4
00187 Roma
T 06 69 98 15 00

Il Caffè di Sant'Eustachio 153
Piazza di Sant'Eustachio 82
00186 Roma
T 06 68 80 20 48
W www.santeustachioilcaffe.it

Caffè Tazza d'Oro 152
Via degli Orfani 84
00186 Roma
T 06 67 89 792
F 06 67 98 131
E info@tazzadorocoffeeshop.com
W www.tazzadorocoffeeshop.com

Caffeteria Capitolina 77
Piazza Caffarelli 4
00186 Roma
T 06 36 12 325

La Campana 142
Vicolo della Campana 18
00186 Roma
T 06 68 67 820

Casa Bleve 152
Via del Teatro Valle 48–49
00186 Roma
T 06 68 65 970
E info@casableve.it
W www.casableve.it

Casa Howard 122
Via di Capo Le Case 18
00187 Roma
T 06 69 92 45 55
F 06 67 94 644
E info@casahoward.it
W www.casahoward.com

Casina Valadier 41
Villa Borghese
Piazza Bucarest
00187 Roma
T 06 69 92 20 90
F 06 67 91 280
E info@casinavaladier.it
W www.casinarvaladier.it

Centrale Montemartini 89
Collezioni dei Musei Capitolini
Via Ostiense 106
00154 Roma
T 06 57 48 030

Checchino dal 1887 137
Via di Monte Testaccio 30
00153 Roma
T 06 57 43 816
F 06 57 46 318
E checchino_roma@tin.it
W www.checchino-dal-1887.com

Cimitero Inglese 89
Via Caio Cestio 6
00153 Roma
T 06 57 41 900
W www.protestantcemetery.it

Città del Sole 165
Via della Scrofa 65
00186 Roma
T 06 68 80 38 05
W www.cittadelsole.it

Claudio Sano 96
Largo degli Osci 67a
00185 Roma
T 06 44 69 284
E info@claudiosano.it
W www.claudiosano.it

Colline Emiliane 34
Via degli Avignonesi 22
00187 Roma
T 06 48 17 538

Confetteria Moriondo e Gariglio 17
Via di Piè di Marmo 21–22
00186 Roma
T 06 69 90 856

Costume National 171
Via del Babuino 106
00187 Roma
T 06 69 20 06 86
F 06 67 85 829
W www.costumenational.com

Crab 111
Via Capo d'Africa 2
00184 Roma
T 06 77 20 36 36

Crudo 154
Via degli Specchi 6
00186 Roma
T 06 68 38 989

C.U.C.I.N.A 167
Via Mario de' Fiori 65
00187 Roma
T 06 69 94 08 19, 06 67 91 275

Cul de Sac 138
Piazza di Pasquino 73
00186 Roma
T 06 68 80 10 94

Da Baffetto 59
Via del Governo Vecchio 114
00186 Roma
T 06 68 61 617

Da Felice 86
Via Mastro Giorgio 29
00153 Roma
T 06 57 46 800

Da Settimio all'Arancio 27
Via dell'Arancio 50–52
00186 Roma
T 06 68 76 119

Dal Cò 168
Via Vittoria 65
00187 Roma
T 06 67 86 536

Davide Cenci 173
Via di Campo Marzio 1–7
00186 Roma
T 06 69 90 681
F 06 67 95 900
E info@davidecenci.com
W www.davidecenci.com

Degli Effetti 162
Piazza Capranica 75, 79 & 93
00186 Roma
T 06 68 13 4648
E info@deglieffetti.com
W www.deglieffetti.com
T Nr. 75: 06 67 93 630
T Nr. 79: 06 67 91 650
T Nr. 75: 06 67 90 202

Il desiderio preso per la coda 27
Vicolo della Palomba 23
00186 Roma
T 06 68 30 75 22

Diego Percossi Papi 20
Via di Sant'Eustachio 16
00186 Roma
T 06 68 80 14 66

Ditirambo 50
Piazza della Cancelleria 74–75
00186 Roma
T 06 68 71 626
W www.ristoranteditirambo.it

Il Dito e la Luna 95
Via dei Sabelli 51
00185 Roma
T 06 49 40 726

Divinare 113
Via Ostilia 4
00184 Roma
T 06 70 96 381

La Dolce Roma 73
Via del Portico d'Ottavia 20b
00186 Roma
T 06 68 92 196

Domus Aurea 108
Viale dell Domus Aurea
00184 Roma
T 06 39 74 99 07 / 06 85 30 17 58
Reservierung erforderlich:
T 06 39 96 77 00

Doney 39
Via Vittorio Veneto 125
00187 Roma
T 06 47 08 28 05 / 06 47 08 27 83

Dulce Vidoza 27
Via dell'Orso 58
00186 Roma
T 06 68 93 007

Eleuteri 33
Via Condotti 69
00187 Roma
T 06 67 83 119

L'Enoteca Antica 30
Via della Croce 76b
00187 Roma
T 06 67 90 896
F 06 67 97 544

Enoteca Ferrara 139
Piazza Trilussa 41
00153 Roma
T 06 58 33 39 20
F 06 58 03 769

Enoteca Il Piccolo 59
Via del Governo Vecchio 74–75
00186 Roma
T 06 88 01 746

Ex Magazzini 89
Via dei Magazzini Generali 8 bis
00154 Roma
T 06 57 58 040

Fabio Piccioni 103
Via del Boschetto 148
00184 Roma
T 06 47 41 697

Fabio Salini 55
Via di Monserrato 18
00186 Roma
T 06 68 30 11 72
F 06 68 13 45 67
E info@fabiosalini.it
W www.fabiosalini.it

Fausto Santini 33
Via Frattina 120
00187 Roma
T 06 67 84 114

Federico Polidori 169
Via di Piè di Marmo 7–8
00186 Roma
T 06 67 97 191

Fendi 175
Via Borgognona 36–40
00187 Roma
T 06 69 66 661
W www.fendi.it

Ferrazza 99
Via dei Volsci 59
00185 Roma
T 06 49 05 06
F 06 23 32 17 474

F.I.S.H – Fine International Seafood House 100
Via dei Serpenti 16
00184 Roma
T 06 47 82 49 62
E info@f-i-s-h.it
W www.f-i-s-h.it

François Boutique 103
Via del Boschetto 3
00184 Roma

Galleria Alberto Sordi 33
Piazza Colonna 31–35
00187 Roma

Galleria Arte e Pensieri 108
Via Ostilia 3a
00184 Roma
T 06 70 02 404
E artepensieriroma@libero.it

Galleria Borghese 41
Piazzale del Museo Borghese 5
00197 Roma
T 06 84 13 979/06 32 810
W www.galleriaborghese.it

Galleria Doria Pamphilj 16
Piazza del Collegio Romano 2
00186 Roma
T 06 67 97 323
F 06 67 80 939
E arti.rm@doriapamphilj.it
W www.doriapamphilj.it

Galleria Lorcan O'Neill 69
Via degli Orti d'Alibert 1e
00165 Roma
T 06 68 89 29 80

Galleria Nazionale d'Arte Antica di Palazzo Barberini 34
Via delle Quattro Fontane 13
00184 Roma
T 06 48 14 591
W www.galleriaborghese.it/barberini/it

Galleria Pino Casagrande 95
Via degli Ausoni 7a
00185 Roma
T/F 06 44 63 480

Galleria Sales 69
Via San Francesco di Sales 16a
00165 Roma
T 06 68 80 62 12
F 06 68 80 62 12
E sales@getnet.it

Le Gallinelle 103
Via del Boschetto 76
00184 Roma
T 06 48 81 017
W www.legallinelle.it

Gente 30
Via del Babuino 80–82
00187 Roma
T 06 32 07 671

Giggetto 73
Via del Portico d'Ottavia 21a–22
00186 Roma
T 06 68 61 105
F 06 68 32 106
W www.giggettoalportico.com

Giolitti 24
Via degli Uffici del Vicario 40
00186 Roma
T 06 69 91 243
F 06 69 94 17 58
W www.giolitti.it

Giorgi e Febbi s.r.l. 172
Piazza della Rotonda 61–62
00186 Roma
T 06 67 91 649

Il Goccetto 56
Via dei Banchi Vecchi 14
00186 Roma
T 06 68 64 268

Gran Crowne Hotel Plaza Minerva 18
Piazza della Minerva 69
00186 Roma
T 06 69 52 01
F 06 67 94 165
E minerve.res@hotel-invest.com
W www.grandhoteldelaminerve.it

Gusto Emporio Libreria 167
Piazza Augusto Imperatore 9
00186 Roma
T 06 32 36 363
W www.gusto.it

Herzel 34
Via di Propaganda 14
00187 Roma
T 06 67 95 114

Hostaria dell'Orso 139
Via dei Soldati 25c
00186 Roma
T 06 68 30 11 92
F 06 68 21 70 63
E info@hostariadellorso.it
W www.hdo.it

Hosteria del Pesce 55
Via di Monserrato 32
00186 Roma
T 06 68 65 617

Hotel Art 118
Via Margutta 56
00187 Roma
T 06 32 87 11
F 06 36 00 39 95
E info@hotelart.it
W www.hotelart.it

Hotel Capo d'Africa 132
Via Capo d'Africa 54
00184 Roma
T 06 77 28 01
F 06 77 28 08 01
E info@hotelcapodafrica.com
W www.hotelcapodafrica.com

Ilaria Miani 162
Via di Monserrato 35
00186 Roma
T 06 68 33 160

Iron icon 53
Via di Monserrato 35
00186 Roma
T/F 06 68 78 743

Joia Music Restaurant 86
Via Galvani 20–22
00153 Roma
T 06 57 40 802
W www.joiacafe.it

Josephine de Huertas 59
Via del Governo Vecchio 68
00186 Roma
T 06 68 76 586
E info@josephinedehuertas.com
W www.josephinedehuertas.com

The Keats-Shelley House 33
Piazza di Spagna 26
00187 Roma
T 06 67 84 235
F 06 67 84 167
E info@keats-shelley-house.org
W www.keats-shelley-house.org

Ketumbar 86
Via Galvani 24
00153 Roma
T/F 06 57 30 53 38

Laura Urbinati 56
Via dei Banchi Vecchi 50a
00186 Roma
T/F 06 68 13 64 78
W www.lauraurbinati.com

Lavori Artigianali Femminili 34
Via di Capo le Case 6
00187 Roma
T 06 67 92 992

Letico 86
Via Galvani 64
00153 Roma
T 06 57 25 05 39

La Libreria del Viaggiatore 51
Via del Pellegrino 78
00186 Roma
T/F 06 68 80 10 48

Loco 52
Via dei Baullari 22
00186 Roma
T 06 68 80 82 16

Macro 41
Via Reggio Emilia 54
00198 Roma
T 06 67 10 70 400
F 06 85 54 090
W www.macro.roma.museum

Macro al Mattatoio 89
Piazza Orazio Giustiniani 4
00153 Roma
T 06 67 10 70 400
W www.macro.roma.museum

Magazzini Associati 165
Corso del Rinascimento
00186 Roma
T 06 68 13 51 79
F 06 68 13 51 82

La Maison 159
Le terrazze summer Palazzo dei Congressi
Vicolo dei Granari 4
00186 Roma
T 06 68 33 312

Margutta Vegetariano 138
Via Margutta 118
00187 Roma
T 06 32 65 0577

Maria Teresa Gaudenzi 103
Via del Boschetto 1b
00184 Roma
T 06 47 44 679
E 1900@1900.it
W www.1900.it

Mario Squatriti Restauri Artistici 28
Via di Ripetta 29
00186 Roma
T 06 36 10 232

Maurizio Grossi 29
Via Margutta 109
00187 Roma
T/F 06 36 00 1935
E maurizio.grossi@fastwebnet.it
W www.mauriziogrossi.com

MAXXI 41
Via Guido Reni 10
00196 Roma
T 06 32 02 438
F 06 32 23 931
W www.maxximuseo.org

Mel Giannino Stoppani 16
Piazza dei Santissimi Apostoli 59–65
00187 Roma
T 06 69 94 10 45
F 06 67 97 296
W www.melgianninostoppani.it

Mercato di Testaccio 86
Piazza Testaccio
00153 Roma

Miss Sixty 29
Via del Corso 510
00186 Romae
T 06 32 19 374
F 06 32 19 444
W www.misssixty.com

Moma 34
Via di San Basilio 42–43
00187 Roma
T 06 42 01 17 98

Mondello Ottica 53
Via del Pellegrino 97–98
00186 Roma
T 06 68 61 955
W www.mondellootica.it

Monti Doc 99
Via Giovanni Lanza 93
00184 Roma
T 06 48 72 696

Museo de Chirico 33
Piazza di Spagna 31
00187 Roma
T/F 06 67 96 546
E fondazionedechirico@tiscali.it
W www.fondazionedechirico.it

Myriam B 96
Piazza dei Sanniti 42
00185 Roma
T 06 33 85 901 526
Via dei Volsci 75
00185 Roma
T 06 44 36 13 05
E info@myriamb.com
W www.myriamb.com

Le Naumachie 113
Via Celimontana 7
00184 Roma
T 06 70 02 764

Il Negozio Benedettino della Badia Primaziale di Sant'Anselmo 84
Piazza dei Cavalieri di Malta 5
00153 Roma

NuYorica 52
Piazza Pollarola 36–37
00186 Roma
T 06 68 89 12 43
E contact@nuyorica.it
W www.nuyorica.it

Obika 25
Via dei Prefetti 26a
00186 Roma
T 06 68 32 630.

L'Olfattorio Bar à Parfums 28
Via di Ripetta 34
00186 Roma
T/F 06 36 12 325
W www.olfattorio.it

Orto Botanico 66
Largo Cristina di Svezia 24
00165 Roma
T 06 68 32 300/06 68 30 09 37

Osteria della Frezza 144
Via della Frezza 16
00186 Roma
T 06 32 26 273
W www.gusto.it

Palazzetto International Wine Academy of Rome 120
Vicolo del Bottino 8
00187 Roma
T 06 69 90 878
F 06 67 91 385
E info@wineacademyroma.com
W www.wineacademyroma.com

Palazzo Altemps 60
Piazza Sant'Apollinare 44
00186 Roma
T 06 68 33 759
Reservierung/Information:
T 06 68 32 409

Palazzo del Freddo di Giovanni Fassi 96
Via Principe Eugenio 65–67
00185 Roma
T 06 44 64 740

Palazzo Spada 48
Piazza Capo di Ferro 13
00186 Roma
T 06 68 74 893
W www.galleriaborghese.it

La Palma 158
Via Giuseppe Mirri 35
00159 Roma
T 06 43 59 90 29 / 06 43 56 65 81
E info@lapalmaclub.it
W www.lapalmaclub.it

Panella 99
Via Merulana 54–55
00185 Roma
T 06 48 72 344

Pantheon 18
Piazza della Rotonda
00186 Roma
T 06 68 30 02 30

Papagiò 110
Via Capo d'Africa 26
00184 Roma
T 06 77 26 29 53

Passamanerie Crocianelli 27
Via dei Prefetti 37–40
00186 Roma
T 06 68 73 592

Pastore & Tjäder 103
Via della Madonna dei Monti 62a
00184 Roma
T 06 47 82 23 32

Al Piccolo Arancio 27
Vicolo Scanderberg 112
00187 Roma
T 06 67 86 139

Pierluigi 55
Piazza dei Ricci 144
00186 Roma
T 06 68 61 302/06 68 68 717
F 06 68 80 78 79
W www.pierluigi.it

Pommidoro 96
Piazza dei Sanniti 44
00185 Roma
T 06 44 52 692

Pontificia Erboristeria 23
Via del Pozzo delle Cornacchie 26
00186 Roma
T 06 68 61 201

Porta Portese 70
Viale di Trastevere
00153 Roma

Priorato dei Cavalieri di Malta 83
Piazza dei Cavalieri di Malta 4
00153 Roma
T 06 57 79 193
W www.orderofmalta.org

Profumeria Materozzoli 23
Piazza di San Lorenzo In Lucina 5
00186 Roma
T 06 68 89 26 86

Reef 27
Piazza Augusto Imperatore 42–48
00186 Roma
T 06 66 83 01 430
F 06 66 82 17 532
E info@ristorantereef.it
W www.ristorantereef.it

Relais Banchi Vecchi 124
Via dei Banchi Vecchi 115
00186 Roma
T 06 68 64 821
E info@banchivecchi115.com
W www.banchivecchi115.com

Riccioli Cafe 155
Piazza delle Coppelle 10a
00186 Roma
T 06 68 21 03 13

Ripa Hotel 126
Via degli Orti di Trastevere 1
00153 Roma
T 06 58 611
F 06 58 18 32
W www.ripahotel.com

Ristorante il Pompiere 74
Via di Santa Maria dei Calderari 38
00186 Roma
T 06 68 68 377

Ristorante Vecchia Roma 73
Piazza di Campitelli 12
00186 Roma
T 06 68 64 604
W www.ristorantevecchiaroma.com

Roma Roma Roma 70
Via dell'Arco dei Tolomei 2
00153 Roma
T 06 58 81 761

Roscioli 140
Via dei Giubbonari 21–22a
00186 Roma
T 06 68 75 287
E info@rosciolifinefood.com
W www.rosciolifinefood.com

La Rosetta 142
Via della Rosetta 8
00186 Roma
T 06 68 61 002
F 06 68 21 51 16
E info@larosetta.com
W www.larosetta.com

Il Roseto Comunale di Roma 82
Clivio dei Pubblici
00153 Roma
T 06 57 46 810

Saint Regis Grand Hotel 36
Via Vittorio Emanuele Orlando 3
00185 Roma
T 06 70 91
F 06 47 47 307
E stregisgrandrome@stregis.com
W www.stregis.com

Sala degli Angeli, Café de Paris 38
Via Vittorio Veneto 90
00187 Roma
T 06 48 85 284

San Daniele 74
Piazza Mattei 16
00186 Roma
T 06 68 77 147

San Luigi dei Francesi 23
Piazza di San Luigi dei Francesi 5
00186 Roma

San Marco 39
Via Sardegna 38d
00187 Roma
T 06 42 824 893

San Teodoro 137
Via dei Fienili 49–51
00186 Roma
T 06 67 80 933

Sant'Isidoro 37
Via degli Artisti 41
00187 Roma
T 06 48 85 359
F 06 48 84 459

Sant'Andrea della Valle 21
Piazza di Sant'Andrea della Valle
00186 Roma

Sant'Ivo alla Sapienza 21
Corso del Rinascimento 40
00186 Roma

Santa Lucia 60
Largo Febo 13
00186 Roma
T 06 68 80 24 27
E info@santalucia-bartolo.com
W www.santalucia-bartolo.com

Santa Maria della Vittoria 37
Via XX Settembre 17
00187 Roma

Santa Sabina 83
Piazza Pietro d'Illiria
00153 Roma

Santi Quattro Coronati 108
Via dei Santi Quattro Coronati
00184 Roma

Santo Stefano Rotondo 113
Via di Santo Stefano Rotondo
00184 Roma

SAS Radisson Rome 130
Via Filippo Turati 171
00185 Roma
T 06 44 48 41
F 06 44 34 13 96
W www.sas.radisson.com

Scala Quattordici 173
Via della Scala 14
00153 Roma
T 06 58 88 35 80
F 06 58 34 59 01

Schostal 169
Via del Corso 158
00186 Roma
T 06 67 91 240

Lo Scrittoio XXth Century Design 56
Via dei Coronari 102–3
00186 Roma
T 06 68 75 536
F 06 97 84 09 66

Scuderie del Quirinale 38
Via XXIV Maggio 16
00187 Roma
T 06 39 96 75 00 / 06 69 62 71
W www.scuderiequirinale.it

Sermoneta 172
Piazza di Spagna 72a
00187 Roma
T 06 69 94 21 10

Shaki Wine Bar 30
Via Mario de' Fiori 29a
00187 Roma
T 06 67 91 694
W www.shakiroma.com

Il Simposio 150
Piazza Cavour 16
00193 Roma
T 06 32 03 575
F 06 32 13 210
E info@enotecacostantini.com
W www.enotecacostantini.com

La Sinagoga 73
Lungotevere dei Cenci
00186 Roma

Sisters 55
Via dei Banchi Vecchi 143
00186 Roma
T 06 68 78 497

Sora Lella 143
Via di Ponte Quattro Capi 16
Isola Tiberina
00186 Roma
T/F 06 68 61 601
W www.soralella.com

Sora Margherita 74
Piazza Cinque Scole 30
00186 Roma
T 06 68 64 002

Sorelle Fontana 170
Via della Fontanella di Borghese 67–71
00186 Roma
T 06 68 13 54 06
F 06 68 79 124

Spada 23
Piazza di San Lorenzo in Lucina 20
00186 Roma
T 06 68 71 505

Spazio Sette 166
Via dei Barbieri 7
00186 Roma
T 06 68 69 747
F 06 68 30 71 39

SBU – Strategic Business Unit 59
Via di San Pantaleo 68–69
00186 Roma
T 06 68 80 25 47

Suite at Ripa Hotel 70
Via degli Orti di Trastevere 1
00153 Roma
T 06 58 611
F 06 58 14 550
E info@thesoundofsuite.com
W www.thesoundofsuite.com

Supperclub 141
Via dei Nari 14
00186 Roma
T 06 68 80 72 07
F 06 68 69 752
W www.supperclub.com

TAD 174
Via del Babuino 155a
00187 Roma
T 06 32 69 51 22

Le Tartarughe 17
Via di Piè di Marmo 33, 17
00186 Roma
T 67 94 634
Via del Gesù 71a
00186 Roma
T/F 06 67 92 240
W www.susannalisoperle tartarughe.it

La Taverna degli Amici 77
Piazza Margana 36–37
00186 Roma
T 06 69 92 06 37
F 06 69 29 08 26

La Taverna del Ghetto 73
Via del Portico d'Ottavia 8
00186 Roma
T 06 68 80 97 71
F 06 68 21 23 09
W www.latavernadelghetto.com

Tazio 157
Hotel Exedra
Piazza della Repubblica 47
00185 Roma
T 06 48 93 80 61
F 06 48 93 80 63
E info@tazio.biz
W www.tazio.biz

Teatro di Documenti 89
Via Nicola Zabaglia 42
00153 Roma
T 06 57 44 034
W www.teatrodidocumenti.it

Teatro Valle 20
Via del Teatro Valle 21
00186 Roma
T 06 68 80 37 94
W www.teatrovalle.it

Tempi Moderni 1880–1980 59
Via del Governo Vecchio 108
00186 Roma
T 06 68 77 007

Tombolini 23
Via della Maddalena 31–38
00186 Roma
T 06 69 20 03 42
F 06 69 92 46 08
W www.tombolini.it

Tram Tram 94
Via dei Reti 44–46
00185 Roma
T 06 49 04 16

Trattoria 147
Via del Pozzo delle Cornacchie 25
00186 Roma
T 06 68 30 14 27
F 06 82 15 361
E info@ristorantetrattoria.it
W www.ristorantetrattoria.it

Trimani 164
Via Goito 20
00185 Roma
T 06 44 69 661

L'una e l'altra 164
Via del Governo Vecchio 105
00186 Roma
T 06 68 80 49 95

Uno e Bino 147
Via degli Equi 58
00185 Roma
T 06 44 60 702

Valentino 175
Via Bocca di Leone 15
Via Condotti 13
00184 Roma
W www.valentino.it

Valentino restaurant 100
Via del Boschetto 37
00184 Roma
T 06 48 80 643

Valzani 69
Via del Moro 37b
00153 Roma
T 06 58 03 792

Vestiti Usati Cinzia 59
Via del Governo Vecchio 45
00186 Roma
T 06 68 61 791

Villa Celimontana 113
Via della Navicella
00184 Roma
W www.villacelimontanajazz.com

Villa Farnesina 66
Via della Lungara 230
00165 Roma
T 06 68 02 72 67
F 06 68 02 73 45
E farnesina@lincei.it

Villaggio Globale 86
Via del Monte dei Cocci 22
00153 Roma
T 06 57 57 233

La Vineria Reggio 156
Piazza Campo de' Fiori 15
00186 Roma
T 06 68 80 32 68

Al Vino Al Vino 100
Via dei Serpenti 19
00184 Roma
T 06 48 58 03

Vizi Capitali 69
Vicolo della Renella 94
00153 Roma
T 06 58 18 840
E vizicapitali@tiscali.it
W www.vizicapitali.com

Volpetti 85
Via Marmorata 47
00153 Roma
T 06 57 42 352
Via Alessandro Volta 8
00153 Roma
T 06 57 44 305
W www.volpetti.com

Yien 23
Via di Campo Marzio 33
00186 Roma
T 06 68 71 346

PONZA 178

Die Tragflügelboote nach Ponza verkehren ab Formia und Anzio. Mit dem Auto erreicht man Formio von Rom aus auf der Autostrada del Sole (A1) in Richtung Neapel, Ausfahrt Frosinone; danach Landstraße nach Terracina und weiter bis Formia. Anzio erreicht man direkt über die Landstraße SS148.
Sowohl nach Anzio als auch nach Formia verkehren Züge ab Rom. Die Tragflügelboote von Aliscafo Vetor (**T** 07 71 70 07 10, **W** www.vetor.it) legen rund viermal täglich in den Häfen von Anzio und Formio ab. Die Überfahrt dauert rund 70 Minuten.

Grand Hotel Santa Domitilla
Via Panoramica
04027 Isola di Ponza
T 07 71 80 99 51/2/3/4
F 07 71 80 99 55
E info@santdomitilla.com
W www.santadomitilla.com

Orestorante
Via Dietro la Chiesa 3
04027 Isola di Ponza
T 07 71 80 338
W www.orestorante.it

FRASCATI 180

Verlassen Sie die Stadt mit dem Auto über den »Grande Raccordo Anulare« (GRA, Ringautobahn) und fahren Sie weiter die Autobahn in Richtung Neapel (A1). Nach ca. 20 Kilometern nehmen Sie die Ausfahrt 21–22 (Frascati). Auf der Via Tuscolana sind es bis Frascati nur 10 km.
Ab Bahnhof Stazione Roma Termini fahren Züge alle 30 Minuten in Richtung Frascati. Mit der Linie A der U-Bahn können Sie bis Anagnina fahren und dann weiter mit dem Bus nach Frascati; alternativ kostet die Taxifahrt zwischen € 70 und € 90.

Villa Grazioli
Via Umberto Pavoni 19
00046 Grottaferrata
T 06 94 54 001
F 06 94 13 506
E info@villagrazioli.com
W www.villagrazioli.com

Cacciani
Via Armando Diaz 13
00044 Frascati
T 06 94 20 378
F 06 94 20 440
W www.cacciani.it

VILLA ADRIANA & VILLA D'ESTE 182

Mit dem Auto fahren Sie auf der Autobahn A24 in östlicher Richtung bis zur Ausfahrt Tivoli; folgen sie weiter der Beschilderung zur Villa d'Este und Villa Adriana.
Die Züge ab Rom in Richtung Pescara halten auch in Tivoli.

Villa Adriana
Via Villa Adriana 204
Tivoli
T 39 96 7900

Hotel Adriano
Via di Villa Adriana 194
00010 Villa Adriana Tivoli
T 07 74 53 50 28
F 07 74 53 51 22
W www.hoteladriano.it

Villa d'Este
Piazzo Trento 1
00019 Tivoli
T 00 39 04 24 60 04 60 für Buchungen aus dem Ausland
T 19 97 66 166 für Buchungen innerhalb Italiens
F 04 24 46 41 91
E villadestetivoli@telekottageplus.com
W www.villadestetivoli.info

SABAUDIA AND CIRCEO 184

Fahren sie mit dem Auto die SS 148 in Richtung Latina, bis Sie zu einer Kreuzung mit der Ausschilderung nach Sabaudia gelangen.
Mit dem Zug inRichtung Neapel müssen Sie an der Station Priverno Fossanova ausstegen; von dort fahren Busse ins Zentrum von Sabaudia.

Complesso Punta Rossa
Via delle Batterie 37
04017 San Felice Circeo
T 07 73 54 80 85/6/7/8
F 07 73 54 80 75
E punta_rossa@iol.it
W www.puntarossa.it

Hotel Torre Paola
Via dei Casali di Paola
04016 Sabaudia
T 07 73 59 69 47
F 07 73 59 69 49
E hotel@torrepaola.it
W www.torrepaola.it

Saporetti
Via Lungomare
04016 Sabaudia
T 07 73 59 60 24
E ristorante@saporetti.com
W www.saporetti.com